Londres le 20 Juillet 1846

Monsieur

Je vous envoie les documens que je vous promis et qui vous ont paru avoir quelque intérêt. Je vous remercie de vouloir bien rectifier par le simple exposé des faits qui me sont relatifs, les fausses opinions qui existent contre moi. Un récit simple et exact de ce qui m'est arrivé, fuyant toute tendance politique et tout panégyrique peut m'être très utile, car il peut intéresser en ma faveur même le parti diplomatique et faire tomber les obstacles qui m'empêchent d'aller fermer les yeux de mon vieux père.

Recevez donc Monsieur d'avance l'expression de ma reconnaissance et l'assurance de mes sentiments d'estime et d'affection.

Napoléon Louis B.

lettre était adressée à Mr. Briffaut, eur d'un ouvrage fort remarquable sur le Prince.

Dédié aux Villes et aux Campagnes.

VIE

ET HISTOIRE IMPARTIALE

DE

NAPOLÉON III

EMPEREUR DES FRANÇAIS.

Publiée d'après les documents officiels et authentiques; suivie du Précis de la Révolution du 2 décembre 1851; des Sociétés secrètes et de la Jacquerie des Départements; des principaux Décrets et lois jusqu'au jour; de la Liste des Membres du Gouvernement constitué le 29 mars 1852; Maison de l'Empereur; Ministres, Sénateurs, Députés du Corps Législatif, Conseillers d'État, avec les Adresses; de la Constitution, du Voyage du Midi; de la proclamation de l'Empire d'après le Sénatus consulte et du

Fac-similé de l'écriture et signature de Sa Majesté Impériale.

Prix 2 fr., franco, par la poste.

PARIS,

AU DÉPOT GÉOGRAPHIQUE,

32, RUE MAZARINE, EN FACE L'INSTITUT, 32.

Et chez les Correspondants des Départements.

1853.

INTRODUCTION.

Tablettes généalogiques de la famille Bonaparte.

Charles-Marie Bonaparte, né le 29 mars 1745, marié en 1767, député de la noblesse de Corse auprès du roi Louis XVI, en 1776. Mort à Montpellier en 1785.

Il avait épousé Lætitia Ramolino, née en 1750, et morte à Rome en 1836.

Les enfants issus de ce mariage, d'après l'ordre de la préséance établi par la Constitution de l'Empire, se classent de la manière suivante :

I. Napoléon Bonaparte, né à Ajaccio le 15 août 1769, empereur des Français en 1804, mort à Sainte-Hélène le 5 mai 1821. Marié, le 8 mars 1796, à Joséphine-Rose Tascher de la Pagerie, veuve d'Alexandre, vicomte de Beauharnais (1).

(1) L'acte civil du mariage de Napoléon Bonaparte avec Joséphine de la Pagerie avait été rédigé avec une négligence que le laisser aller de l'époque peut seul expliquer. La production des actes de naissance ne fut pas exigée, ou bien ces actes furent examinés très superficiellement. D'après cet acte de mariage, le général Bonaparte serait né le 5 février 1768, quoiqu'il eût réellement reçu le jour le 15 août 1769. C'est là sans doute ce qui a fait

V. Lucien Bonaparte, prince de Canino, né à Ajaccio, en 1775, mort en juillet 1840. Il épousa, en premières noces, Christine Boyer, en 1795 ; et, en secondes noces, Alexandrine Bleschamp, en 1802. Les enfants du premier lit sont :

A—*Charlotte,* née le 13 mai 1796. Veuve du priuce Gabrieli.

B—*Christine-Egypta,* née en 1798, mariée en premières noces, en 1818, au comte Arvid Posse, Suédois ; en secondes noces, en 1824, à lord Dudley-Stuart.

Les enfants du second lit sont :

C—Le prince actuel de Canino, *Charles-Lucien-Jules-Laurent,* né à Paris, le 24 mai 1803, marié à la fille du prince Joseph, Zénaïde-Charlotte-Julie. De ce mariage sont issus neuf enfants.

D—*Lœtitia,* née en décembre 1804, mariée à Thomas Wyse.

E—*Louis-Lucien,* né le 4 janvier 1813.

F—*Pierre-Napoléon,* né le 12 septembre 1815.

G—*Antoine,* né le 31 octobre 1816.

H—*Marie,* née le 12 septembre 1813, mariée au comte Valentini.

I—*Constance,* née le 30 janvier 1823, religieuse au Sacré-Cœur de Rome.

Le prince de Canino, homme d'une remarquable énergie et d'un profond savoir, a été une des grandes figures de la dernière révolution romaine.

VI. Élisa Bonaparte, née à Ajaccio, le 3 janvier 1777, princesse de Lucques et de Piombino, grande-duchesse de Toscane. Elle mourut au mois d'août 1820. Elle avait épousé, le 5 mars 1797, Félix Bacciochi, d'une famille noble de Corse, né le 18 mai 1762. De ce mariage proviennent :

A—*Napoléone-Élisa*, princesse de Piombino, née le 3 juin 1806, mariée au comte Camerata.

C—*Félix*, mort d'une chûte de cheval, à Rome. Il était né en 1813.

VII. PAULINE BONAPARTE, née le 29 octobre 1780, veuve du général en chef Leclerc, mort à Saint-Domingue. Elle épousa, en secondes noces, le 6 novembre 1803, le prince Camille Borghèse, et mourut sans enfants à Florence, en 1826.

VIII. CAROLINE BONAPARTE, née à Ajaccio, le 25 mars 1781, mariée le 20 janvier 1800, à Joachim Murat, roi de Naples, le 15 juillet 1808, morte en 1840. De ce mariage sont issus :

A—*Napoléon-Achille*, né le 21 janvier 1801, mort en 1847.

B—*Napoléon-Lucien-Charles*, né le 16 mars 1803.

C—*Lœtitia-Josèphe*, née le 25 avril 1802, mariée au comte Pepoli, de Bologne.

D—*Louise-Julie-Caroline*, née le 22 mars 1805, mariée au comte Rasponi, de Ravenne.

On ne citerait pas dans l'histoire l'exemple d'une famille aussi féconde en princes qui aient régné en même temps. La famille Bonaparte est aujourd'hui alliée à presque toutes les maisons souveraines de l'Europe.

Famille adoptive de l'Empereur.

I. EUGÈNE-NAPOLÉON, fils de l'impératrice Joséphine, né en 1782, mort à Munich, le 21 février 1824. Il avait épousé, le 14 janvier 1806, Auguste-Amélie, fille de Maximilien-Joseph, roi de Bavière. De ce mariage sont issus :

A—*Joséphine-Maximilienne-Eugénie-Napoléon*, née le 14 mars 1807, mariée le 19 juin 1823, au prince Oscar, actuellement roi de Suède.

B—*Auguste*, né en 1801. Épousa la reine Dona Maria, le 26 janvier 1835. Mort peu de temps après à Lisbonne.

C—*Eugénie*, née le 23 décembre 1808. Épousa, le 22 mai 1826, le prince de Hohenzollern-Héchingen, actuellement régnant.

D—*Amélie*, née le 31 juillet 1812. Épousa Don Pedro, empereur du Brésil, le 17 octobre 1829. Veuve le 24 septembre 1834.

E—*Théodolinde*, née en 1814. Épousa le comte de Wurtemberg.

F—*Maximilien*, né en 1817, marié le 14 juillet 1839, à Marie Nicolaewska, grande-duchesse de Russie, fille de l'empereur Nicolas.

II. Stéphanie-Louise-Adrienne, née le 28 août 1789, fille adoptive de Napoléon, mariée le 8 avril 1806 au grand-duc de Bade, Charles-Louis-Frédéric, veuve le 8 décembre 1818. De ce mariage sont issus :

A—Deux princes morts en bas âge.

B—*Louise-Amélie-Stéphanie*, née le 5 juin 1811, mariée le 9 novembre 1830, au prince Gustave de Wasa.

C—*Joséphine-Frédérique-Louise*, née le 21 octobre 1813, mariée à Charles, prince héréditaire de Hohenzollern-Sigmaringen.

D—*Marie-Amélie-Elisabeth-Caroline*, née le 11 octobre 1817, mariée le 23 février 1843, à William-Alexandre-Antony-Archibald, marquis de Douglas, fils d'Alexandre Hamilton, duc de Hamilton et de Brandon.

Biographie de Louis-Napoléon, roi de Hollande.

Le roi de Hollande, Louis Bonaparte, père du Prince Président, est un de ces hommes rares dont l'individualité résiste, comme un roc inébranlable, au choc des événements. Doué d'une âme forte où dominait le sentiment éclairé d'une inflexible droiture, à travers bien des vicissitudes, mélange ou alternative de grandeurs et d'infortunes, dans le cours d'une carrière dont l'histoire n'offre peut-être pas un second exemple, il eut constamment pour mobile de ses pensées, pour raison de tous ses actes, le devoir et la vertu. Certes, dans une république, il eût été un grand citoyen, celui qui sut rester honnête homme même sur le trône.

C'est à quatorze ans que Louis Bonaparte fit son entrée dans le monde des événements, au siége de Toulon, sous l'égide de Napoléon, qui déjà préludait à ses hautes destinées. Napoléon était plus âgé que lui de dix ans, différence immense qui légitimait, de la part de l'homme fait, l'exercice d'une autorité tutélaire sur un frère à peine adolescent. Louis, qui lui était attaché avec toute l'ardeur d'un cœur profondément affectueux, le regardait comme son meilleur ami et son conseiller le plus sûr.

A l'armée, son courage était brillant, mais comme par accès, et il restait indifférent aux éloges que sa bravoure lui attirait. Il remplissait strictement ses devoirs, sans se préoccuper de sa sûreté personnelle. Au passage du Pô, il se mit à la tête des colonnes d'attaque ; à Pizzighittone, il était le premier sur la brèche ; à l'assaut de Pavie, il était à cheval à la tête des sapeurs et des grenadiers qui avaient ordre de briser les portes à coups de hache.

Il fut chargé par Napoléon, son frère, de présenter à Paris, au Directoire, les neuf drapeaux pris sur les Autrichiens, à Castiglione.

Plus tard, Louis Bonaparte fit partie de l'immortelle campagne d'Égypte, et à l'avénement au consulat de Bonaparte, il fut nommé colonel au 5e de dragons et envoyé à l'armée de l'Ouest. Dans l'été de 1801, il assista aux superbes manœuvres militaires de Postdam, et à l'époque de la guerre d'Espagne. il partit avec son régiment pour rejoindre l'armée franco-espagnole destinée à entrer en Portugal sous les ordres du général Leclerc. La signature du traité d'Amiens le ramena en France, et ce fut alors que son mariage avec Hortense, la fille de Joséphine, eut lieu (le 4 janvier 1802).

Le prince Louis, nommé colonel des carabiniers, reçut, avec l'épée de connétable, le commandement du corps de réserve de la grande-armée rassemblée au camp de Boulogne. Lorsqu'une soudaine agression de l'Autriche eut fait tout à coup abandonner les préparatifs d'une descente en Angleterre, l'Empereur, obligé de se retourner précipitamment pour faire face à de nouvelles hostilités, crut ne pouvoir mieux faire que de confier, pendant son absence, au connétable, le gouvernement de la capitale. C'était-là un poste difficile, et le plus important de tous, si les colonnes austro-russes n'eussent été foudroyées à Austerlitz. Le prince Louis le remplit avec zèle, activité et talent, au milieu des plus graves embarras.

Plus tard, l'attitude menaçante de la Prusse ayant nécessité la réunion d'un corps d'armée sur le Bas-Rhin, pour protéger la Hollande et Anvers, il fut investi du commandement, qui lui offrit une nouvelle occasion de justifier la confiance de l'Empereur.

Proclamé roi de Hollande le 5 juin 1806, à Saint-Cloud, il partit avec l'espoir que les nécessités d'une position où les soins du règne emploieraient toute l'activité dont il était capable, feraient une diversion puissante au marasme qui ne cessait de le miner sourdement. Les Hollandais ne tardèrent pas à s'apercevoir qu'il reportait sur eux ses plus tendres affections. Dès son avénement il avait compris qu'il était de son devoir de roi de se considérer comme le premier et le plus fidèle des citoyens de sa nouvelle patrie.

Il défendit son pays adoptif contre une influence trop envahissante aussi longtemps qu'il crut pouvoir le faire sans nuire aux intérêts de la France; mais quand il se fut convaincu de l'inutilité de ses efforts, pour s'assurer la liberté de ne faire que le bien, il renonça sans regrets à une couronne qu'il ne pouvait conserver sans que, à ses yeux, elle ne fût ternie par les résultats d'une inévitable et funeste dépendance.

Louis descendit du trône après un règne de cinq ans. Il s'était concilié l'amour des Hollandais.

C'est en 1811, au moment où l'empire du monde semblait le mieux affermi dans les mains puissantes de Napoléon, que Louis Bonaparte quitta la scène politique.

Soldat, général, roi, Louis Bonaparte reste constamment le même homme, l'homme irrévocablement acquis au devoir, — non à ce devoir factice qui peut avoir sa loi en dehors de la conscience, mais à ce devoir qu'elle dicte en souveraine et que le consentement universel inscrit depuis des siècles au grand code de la morale.

Les déplorables événements de 1814, qui se répétèrent plus cruellement encore après la funèbre lueur de 1815, trouvèrent Louis tout préparé au coup qui devait frapper sa famille.

Après son abdication, Louis Bonaparte avait pris le titre et le nom de comte de Saint-Leu, qu'il a toujours portés depuis.

Louis Bonaparte s'éteignit à Livourne le 25 juillet 1846. Sa mort fut celle du juste qui contemple avec espérance les approches de l'éternité.

Le comte de Saint-Leu a demandé dans son testament que ses restes fussent transportés en France. Un mouleur de Livourne prit l'empreinte des traits de Louis Bonaparte. Ce pieux et dernier souvenir était destiné au Prince son fils.

Après avoir été embaumé, le corps du défunt fut déposé

dans l'église Sainte-Catherine de Livourne, en attendant qu'il fût permis de le transporter en France. C'est à Saint-Leu, à côté de son père et de son fils aîné, que, conformément à son vœu, repose aujourd'ui l'ancien roi de Hollande. Il avait souhaité que sa sépulture ne fût plus un exil.

VIE ET HISTOIRE

DE LOUIS-NAPOLÉON.

PREMIÈRE PARTIE.

Biographie.

Le prince Charles-Louis-Napoléon, troisième fils de Louis Bonaparte, roi de Hollande, et de la reine Hortense, est né à Paris, le 20 avril 1808. Ce fut le premier prince né sous le régime impérial. Aussi, sa naissance fut-elle annoncée par des salves d'artillerie dans toute l'étendue du vaste empire, depuis Hambourg jusqu'à Rome, des Pyrénées au Danube. La France était alors à l'apogée de sa grandeur et de sa prospérité. Le génie de l'empereur Napoléon réorganisait l'Europe; et pour donner de la fixité et de la durée à sa puissance, il saluait avec joie la venue des héritiers mâles de sa fortune politique. Il ne songeait pas encore au divorce avec l'impératrice Joséphine. Il voyait dans les fils de ses frères, que le plébiscite de l'an XII appelait à lui succéder, les continuateurs futurs de ses projets, de sa pensée, de son nom et de son pouvoir. La naissance de Louis-Napoléon fut donc accueillie avec les plus vives démonstrations de joie par l'Empereur et par le peuple français, et les plus brillants honneurs entourèrent le berceau du jeune prince.

Un registre de famille, destiné aux enfants de la dynastie impériale, fut déposé au Sénat comme le grand-livre des droits de successibilité. Le prince Louis (1) y fut inscrit le premier, avec toute la pompe d'une consécration. Le roi de Rome, fils de l'Empereur et de l'impératrice Marie-Louise, y prit seul place après lui, en 1811.

Le prince Louis-Napoléon fut baptisé le 4 novembre 1810, au palais de Fontainebleau, par le cardinal Fesh, et tenu sur les fonts de baptême par l'empereur Napoléon et l'impératrice Marie-Louise.

La reine Hortense donna à l'éducation de son fils une direction grave et sévère. Le jeune prince fut élevé sans mollesse, comme un enfant du peuple. Il était l'idole de l'impératrice Joséphine, qui ne put cependant obtenir aucune modification aux principes d'éducation virile et forte que sa fille, la reine Hortense, avait heureusement adoptés.

Napoléon, absorbé par les grandes affaires de son règne, ne donnait à sa famille que les heures des repas; encore déjeûnait-il seul dans son cabinet, sur un petit guéridon où ne prenaient place que les deux fils du roi de Hollande. Il se les faisait amener souvent pour s'assurer lui-même du développement des jeunes idées des deux princes sur lesquels reposaient toutes ses espérances d'avenir napoléonien. Il les questionnait avec intérêt, s'amusait de leur petit langage, et leur faisait toujours réciter des fables qu'il choisissait lui-même, dont il leur expliquait le sens, et dont il leur demandait compte pour exercer leur jeune intelligence. Leurs progrès excitaient en lui les plus vives satisfactions.

La naissance du roi de Rome ne changea rien à la profondeur des affections de l'Empereur pour ses jeunes neveux, qu'il regardait toujours comme des continuateurs de sa race et de son nom.

(1) C'est ce nom de *Louis* que le prince reçut à sa naissance, et qu'il conserva jusqu'en 1821, où, après la mort de son frère Napoléon-Louis, il prit le nom de *Napoléon*, conformément à un décret de l'Empereur, ordonnant que ce nom serait toujours porté par l'aîné des membres de la famille impériale. (Napoléon-Charles, premier fils de Louis-Bonaparte et d'Hortense Beauharnais, était déjà mort en 1806.

A son retour de l'île d'Elbe, il les revit avec d'autant plus de bonheur qu'il était privé de son fils; ses neveux semblaient lui en tenir lieu. Il voulut qu'ils fussent constamment près de lui, sous ses yeux. Il les aimait de tout l'amour qu'il ne pouvait donner au roi de Rome; il les comblait de caresses, et dans ses transports de tendresse il les présentait au peuple, de sa fenêtre des Tuileries, comme pour les faire adopter de la nation. Dans la touchante et noble cérémonie du Champ-de-Mai, ils étaient à ses côtés, comme pour servir de gage dans la nouvelle alliance de l'Empereur avec la France; il les présenta aux députations de l'armée et du peuple.

Le prince Louis-Napoléon avait sept ans lorsqu'il quitta la France, dont il emporta l'image dans sa jeune mémoire. Comme le roi de Rome il avait une profonde aversion pour l'exil, il voulait à toute force rester en France. La reine Hortense eut beaucoup de peine à le consoler. Quand l'Empereur vint l'embrasser à la Malmaison, pour lui faire des adieux qui devaient être les derniers, il fallut l'arracher de ses bras; il refusait de se séparer de lui, et il criait, en pleurant, qu'il voulait aller tirer le canon.

Les souvenirs que le prince emporta de cette cruelle époque sont restés ineffaçables. La patrie est toujours demeurée présente à sa pensée, ainsi que la noble figure de l'Empereur.

Elevé par sa mère, sa nouvelle vie dans l'exil acheva de développer les dispositions précoces de son esprit et l'énergie naissante de son caractère.

Après avoir quitté la France, la reine Hortense se retira successivement à Genève, à Aix en Savoie, où elle avait fondé un hôpital, dans le duché de Bade, en Bavière, près de son frère Eugène, puis enfin en Suisse et à Rome. Elle habita longtemps Augsbourg, qu'elle quitta pour une résidence sur les bords du lac de Constance, dans le canton de Thurgovie. Le Gouvernement helvétique accueillit la noble proscrite et ses fils, malgré la plus vive opposition de la part des Bourbons et de la sainte-alliance.

Dans ses soins maternels elle n'oublia rien, ni la culture de l'esprit et de l'âme, ni les exercices du corps.

Le premier gouverneur de Louis-Napoléon fut M. l'abbé Bertrand. M. Lebas, fils du conventionnel de ce nom, professeur à l'Athénée de Paris et maître de conférences à l'École normale, dirigea plus tard ses études classiques. Le jeune prince suivit les cours du Gymnase d'Augsbourg, où il se fit particulièrement remarquer par une rare aptitude pour les sciences exactes. Il acquit de nombreuses connaissances, apprit le grec et le latin, ainsi que les langues vivantes, et reçut d'un Français fort instruit, placé à la tête d'une manufacture en Suisse, M. Gastard, des leçons de physique et de chimie. En même temps il se livrait avec ardeur aux exercices gymnastiques qui assouplissent et fortifient le corps. Il apprenait l'escrime, l'équitation, le tir au pistolet, acquérait une véritable supériorité dans le maniement de toutes les armes, s'exerçait à nager durant des heures entières. Tout Paris l'a pu voir, en 1848 et 1849, conduire son cheval en écuyer habile, dans ses promenades de tous les jours aux Champs-Élysées et au bois de Boulogne; nul ne l'égalait en aisance et en dextérité.

Un goût très-vif pour la carrière des armes le porta, dès ses jeunes années, à se former aux manœuvres militaires.

Ainsi grandissait, dans l'exil le jeune Prince, né sur les marches du trône de Napoléon, se préparant à toutes les éventualités de l'avenir par des études assidues, par de volontaires dangers, par de sévères réflexions, lorsque la révolution de juillet 1830, comme un coup de tonnerre, vint ébranler l'Europe. Louis-Napoléon apprit cette nouvelle avec une joie qu'il ne chercha pas à déguiser.

Il avait alors vingt-deux ans et habitait Rome avec sa mère pendant l'hiver de 1830.

La révolution de juillet, on le sait, eut son contre-coup en Italie. Depuis longtemps déjà ce pays s'agitait sourdement, et les idées d'indépendance et d'unité fermentaient dans le sein des masses.

Sollicité d'apporter son concours à ce mouvement, Louis-Napoléon ne vit d'abord que la grandeur du but. Il obéit aux généreux entraînements de la jeunesse et entra dans une vaste conjuration qui embrassait toute la Péninsule. Mais le secret des conjurés ayant été trahi, il fût forcé de quitter Rome, où le mouvement devait s'accomplir, et de se soustraire aux poursuites de la police pontificale. Il alla trouver à Florence son frère aîné, Napoléon-Louis, lorsqu'à son arrivée en cette ville arriva les troubles de la Romagne, lesquels se rattachaient au coup de main manqué à Rome. Les patriotes romagnols firent appel aux deux princes Bonaparte, qui n'hésitèrent pas à leur accorder le concours de leur nom et de leur épée.

Ici commence la vie active de Louis-Napoléon.

Les deux frères se joignirent donc aux indépendants de la Romagne.

Cette insurrection avait peu de chances de succès. D'une part l'Autriche était trop forte, et d'un autre côté, comme en 1848, l'unité, l'harmonie de desseins et de vues, ces deux indispensables conditions de la victoire en pareil cas, manquaient à l'Italie.

C'est là ce que comprit Louis-Napoléon, qui fit preuve, dans ces circonstances, de la sagacité et de la décision d'esprit qui forment les deux traits les plus saillants de sa personnalité. Il arma précipitamment une troupe peu nombreuse, et, suivi d'un canon qu'il avait mis lui-même en état de servir, il courut s'emparer de Civita-Castellane; mais ayant reçu du chef de l'insurrection l'ordre de suspendre ses opérations, le Prince repartit alors pour Bologne et opéra sa retraite d'abord sur Forli, puis sur Ancône. L'Autriche était encore une fois triomphante; le rêve de l'Italie ne s'était pas réalisé.

Cette retraite eut lieu au double cri de « Vive la liberté! Vivent les Bonaparte! » Les deux princes, en effet, payèrent bravement de leur personne pendant cette courte campagne. « Soyez fière, Madame, disait à la reine Hortense le » général Armandi, dont nous citons textuellement les pa» roles; soyez fière d'être la mère de tels fils. Toute leur con» duite, dans ces tristes circonstances, est une série d'actions » de courage et de dévouement, et l'histoire s'en souviendra.»

Il perdit à Forli son frère aîné, subitement emporté par une fluxion de poitrine. Ainsi frappé dans ses plus chères affections, dans toutes les aspirations de son esprit et de son âme, le jeune Prince tomba malade à Ancône.

La reine Hortense, à la première nouvelle de la mort d'un de ses fils et du péril de l'autre, était accourue à Ancône. Il fallait avant tout soustraire à d'actives vengeances l'unique fils qui lui restait. Il fallait appeler à son aide une de ces inspirations que l'excès du malheur donne parfois aux mères. Dévorant ses larmes secrètes, cachant sous un sourire son désespoir et ses terreurs, la pauvre mère fit courir le bruit que Louis-Napoléon s'était évadé pour aller chercher un refuge en Grèce. Logée à quelques pas du commandant des troupes autrichiennes, elle réussit néanmoins à dérober son fils aux yeux de la police. Puis à l'aide d'un passeport anglais, elle le conduisit sous un déguisement à travers l'Italie, occupée par les forces de l'Autriche, et de là à Paris, malgré la loi de proscription qui rendait leur présence en France si dangereuse. La reine Hortense ne voulait, du reste, passer que quelques jours à Paris pour y donner à la santé de son fils le temps de se rétablir. Son intention était de retourner en Suisse.

Elle descendit de voiture rue de la Paix, à l'hôtel de Hollande, à quelques pas de la colonne de la place Vendôme, et écrivit à Louis-Philippe pour l'informer loyalement de sa présence.

Elle reçut dans la journée la visite de M. Casimir Périer, président du conseil des ministres, à qui elle dit sur-le-champ : « Monsieur le ministre, je suis mère ; je n'avais » qu'un moyen de sauver mon fils ; venir en France, j'y suis

» venue. Je n'ignore pas le danger que nous courons. Ma » vie et celle de mon enfant sont dans vos mains ; prenez-les » si vous les voulez (1). »

Or, ces choses se passaient le 5 mai, l'anniversaire du jour de la mort de Napoléon. Ce jour-là la colonne Vendôme fut couverte de fleurs : des cris en l'honneur du grand homme vinrent retentir aux oreilles charmées de son neveu, alité et malade. Le gouvernement s'inquiéta de ces démonstrations, et M. Casimir-Périer, obéissant aux ordres de Louis-Philippe, pria la reine Hortense (duchesse de Saint-Leu) de quitter la France sans aucun retard. Le prince partit en Angleterre encore malade et souffrant de la fièvre.

Le voyage que fit Louis-Napoléon en Angleterre fut utile à son instruction. Il visita avec la plus scrupuleuse attention tous les établissements industriels et scientifiques.

De retour en Suisse, en août 1831, il y reçut bientôt une députation secrète de Polonais, qui lui était envoyée de Varsovie pour lui proposer de se mettre à la tête de la nation en armes. Les malheurs de l'insurrection italienne l'avaient rendu défiant envers la politique du Palais-Royal. Ce fut le cœur navré de douleur qu'il fut obligé, par prudence, de refuser cette offre glorieuse.

Après la mort du fils de l'Empereur, en 1832, les inquiétudes de la sainte-alliance se tournèrent du côté de la Suisse. On ne pouvait oublier qu'inscrit le premier sur le grand-livre de la dynastie impériale et reconnu par le plébiscite de l'an XII comme héritier direct de la fortune politique de l'Empereur après le roi de Rome, le prince Louis-Napoléon avait des droits à la surveillance de l'Europe absolutiste. Un premier secrétaire de l'ambassade française à Londres, homme de confiance du prince de Talleyrand, vint s'établir pendant quelque temps à quelques pas du château de la reine Hortense, dans le château-hôtellerie de

(1) La loi de 1816 interdisait, sous peine de mort, l'entrée du territoire français à toute la famille impériale.

Wolfberg. La conduite calme et tranquille du neveu de l'Empereur déjoua toutes les intrigues qui s'agitaient autour de lui.

Sa bourse était toujours ouverte à toutes les infortunes patriotiques. Tous les débris errants de la Pologne qui passaient par Constance étaient hébergés à ses frais et repartaient chargés de ses dons. Un jour il envoya un nécessaire en vermeil au comité polonais de Berne. Ce nécessaire était d'une valeur inestimable ; il avait appartenu à l'empereur Napoléon. On en fit une loterie qui produisit 20,000 francs.

A la même époque, une commission fut instituée à Paris, sous la présidence de M. de Lafayette, pour la mise en loterie d'une foule d'objets précieux d'art au profit des détenus politiques et des journaux patriotes. Le comte de Survilliers (Joseph Bonaparte) envoya de Londres une croix d'honneur de l'empereur Napoléon, et le prince Louis fit l'offrande d'un magnifique sabre damassé, sur la lame duquel étaient gravés, unis ensemble, les emblêmes du Consulat et de l'Empire.

Le Prince publia en 1833 une brochure fort remarquable, intitulée : *Considérations politiques et militaires sur la Suisse*. Cette brochure annonçait un beau talent de penseur et d'écrivain ; elle fit une grande sensation dans le monde diplomatique et dans l'esprit des gens de guerre.

Devenant plus populaire et plus aimé de jour en jour, Louis-Napoléon fut nommé, en juin 1834, capitaine d'artillerie dans l'élite de Berne. Son nouveau grade donna lieu à de vives démonstrations de joie et de fraternité de la part de ses camarades.

Le prince Louis-Napoléon ne dédaignait aucun genre de distinction. Tous les deux ans la Suisse convoque à des joutes solennelles d'adresse, comme dans les vieux temps, les plus habiles tireurs de toute la Confédération ; ce tir fédéral est une fête nationale qui rassemble des milliers de carabiniers et qui excite l'intérêt le plus vif dans tous les cantons. Louis-Napoléon était toujours invité à ces réunions, où il se distinguait par son adresse et où il a souvent remporté, aux acclamations de l'assemblée, le prix de l'habileté victorieuse.

Lorsque le triomphe de la cause constitutionnelle en Portugal eut remis sur son trône la jeune reine dona Maria, et qu'il fut question de lui donner un époux digne de diriger les destinées d'une nation devenue libre, des Portugais de haute distinction jetèrent les yeux sur le prince Louis-Napoléon, dont le caractère loyal et l'énergie leur présentaient les garanties les plus sûres pour l'indépendance et la liberté de leur patrie. Mais le neveu de Napoléon, loin de céder aux séductions d'une position aussi brillante, mit bientôt fin aux négociations entamées à ce sujet.

Vers la fin de cette même année 1835, après trois ans de laborieuses recherches et de graves méditations sur l'art de l'artillerie, après de longues expériences pratiques, le prince Louis-Napoléon se plaça au premier rang des écrivains et des tacticiens militaires, par la publication d'un ouvrage des plus substantiels, sous le titre modeste de *Manuel d'artillerie pour la Suisse*. C'est un cours militaire à l'usage de toutes les nations modernes ; mais on y voit que, pour le jeune auteur, c'est toujours la France qui est à l'horizon de sa pensée.

Cependant, l'état précaire dans lequel se trouvait la France sous le règne de Louis-Philippe, qui s'était assis sur le trône sans que la nation eût été consultée, et l'amour ardent que le prince Louis-Napoléon ressentait pour sa patrie, dont il avait vainement espéré voir les portes s'ouvrir pour lui et sa famille après la révolution de juillet, lui faisaient désirer vivement de concourir à rendre au peuple Français les droits légitimes que la nouvelle dynastie d'Orléans lui avait enlevés.

Mais devant l'immense responsabilité qu'il voulait encourir, le prince avait besoin d'être fortifié par la démonstration pratique des événements. Or, rien ne pouvait mieux confirmer son opinion que la succession des faits accomplis depuis cinq ans. Les émeutes fréquentes de Paris et des provinces, les événements des 5 et 6 juin, ceux du 14 avril, ceux de la Vendée, de Lyon, de Grenoble, l'attentat de Fieschi, et enfin celui d'Alibaud, tout prouvait l'instabilité du nouveau régime, et dès-lors le prince n'hésita plus : il résolut de tout entreprendre pour sauver la France, et de dévouer sa vie à cette grande mission.

Le plan du Prince consistait à se jeter inopinément au milieu d'une grande place de guerre, à y rallier le peuple et la garnison, et à se porter aussitôt à marches forcées sur Paris, entraînant sur sa route troupes et gardes nationales, peuple des villes, des campagnes, et tout ce qui serait électrisé par la magie d'un spectacle et le triomphe d'une grande cause. La ville de Strasbourg lui parut à tous égards la plus favorable à l'exécution de ce projet.

La patriotique entreprise de Louis-Napoléon échoua malheureusement et l'autorité royale de Louis-Philippe reprit facilement le pouvoir.

Dès que la reine Hortense eut appris la malheureuse issue de l'entreprise de son fils, elle partit pour la France, et obtint du roi Louis-Philippe la grâce du prince, sous la seule condition que celui-ci irait résider en Amérique. En conséquence, Louis-Napoléon fut extrait le 10 novembre de la maison d'arrêt de Strasbourg, et dirigé, par Paris, sur Lorient, où il arriva dans la nuit du 14 au 15, et d'où, quelques jours après, il partit pour Philadelphie à bord de la frégate l'*Andromède*.

Quelques mois après, le Prince reçut, à New-York, la triste nouvelle que sa mère, accablée de chagrins, était atteinte d'une grave maladie. Il s'empressa de revenir à Arenemberg, et le 5 octobre 1837 il eut la douleur de voir expirer la reine dont les restes mortels furent ensuite transportés à Rueil, près Paris, et déposés à côté de ceux de l'impératrice Joséphine.

Plus tard, la présence en Suisse de Louis-Napoléon continuant à inspirer des craintes au gouvernement français, celui-ci demanda son éloignement à la Confédération helvétique. Le prince mit fin, par son départ volontaire pour l'Angleterre, aux graves complications qui s'étaient élevées entre la France et la Suisse.

Convaincu, par les agitations continuelles auxquelles la France était en proie, et par les fréquents attentats contre la vie du roi Louis-Philippe, que le peuple français était décidément las du régime qui lui avait été imposé en 1830, et qu'il saisirait avec empressement l'occasion qui lui serait offerte de réformer radicalement les institutions du pays, en les élevant sur la base large et solide de la souveraineté populaire, Louis-Napoléon résolut de se dévouer de nouveau pour le bonheur de la France.

Dans ce but, il fréta, à Margate, un bateau à vapeur, et partit le 5 août 1840 pour la côte de France, accompagné du général Montholon, des colonels Voisin et Parquin, de quelques autres officiers, et d'une cinquantaine d'hommes armés. Le 6 août, à trois heures et demie du matin, il débarqua à Wimereux; de là il s'achemina le long de la côte vers Boulogne, où il arriva à cinq heures avec sa petite troupe. Mais les tentatives faites pour engager la garnison et la population de cette ville à se joindre au mouvement révolutionnaire, échouèrent complétement. Forcés de battre en retraite, le prince et son cortége furent poursuivis et arrêtés par la troupe et la garde nationale, puis transportés à Paris, et enfin (au commencement d'octobre) condamnés par la Cour des pairs, le Prince à l'emprisonnement perpétuel dans le château de Ham, le général Montholon, le colonel Parquin et deux autres officiers, à vingt ans de détention, et quelques autres accusés à quinze, dix et cinq années de la même peine.

Après avoir langui pendant près de six ans dans une dure captivité, le Prince parvint à s'évader de sa prison le 25 mai 1846.

Profitant du moment où un grand nombre d'ouvriers employés par le génie militaire étaient occupés à des travaux dans l'intérieur du fort, il franchit l'enceinte en costume d'ouvrier et portant une planche sur l'épaule, sans être reconnu. Il passa en Belgique et de là en Angleterre.

Le docteur Conneau est l'homme qui a joué le rôle le plus actif dans l'évasion de Ham; seul avec Charles Thélin, domestique du Prince, il connaissait ses projets de fuite et avait contribué à en préparer tous les moyens.

On faisait des réparations dans le château de Ham dans la partie du bâtiment qu'occupait l'illustre prisonnier. Le Prince résolut de profiter de cette circonstance; il en fit part au docteur Conneau, et ils firent leurs préparatifs en conséquence. Au jour indiqué, à l'heure où les maçons quittaient la forteresse pour déjeûner, Napoléon endosse un costume d'ouvrier que lui avait procuré Charles Thélin, à qui ses fonctions permettaient la libre entrée et la sortie de la forteresse. Ainsi déguisé il prend une planche qui servait de rayon à sa bibliothèque, descend rapidement l'escalier, en présence d'un de ses gardiens qui était en faction à l'entrée de la porte, évite son regard en tournant la planche de son côté et traverse ainsi la cour de la forteresse au milieu des soldats, des ouvriers et des guichetiers, se servant toujours de sa planche pour dérober ses traits. Charles Thélin, qui le précède, entretient le concierge de la prison pendant qu'il en franchit le seuil; enfin il parvient à gagner une voiture qui stationnait non loin de là par la prévoyance de son fidèle serviteur et atteint heureusement la frontière.

Pendant ce temps, le docteur Conneau plaçait un traversin dans le lit du Prince, de manière à lui donner une forme humaine, et fermant les rideaux du lit, attendait patiemment l'arrivée du gouverneur, qui venait habituellement à neuf heures et demie visiter son illustre captif. Au premier mot du directeur, M. Conneau s'empresse de lui imposer silence en lui disant que le Prince a été indisposé toute la nuit et qu'il repose en ce moment; que, du reste, il va prendre médecine à son réveil. Il se retire; mais, au bout d'une heure, il revient, insistant pour voir le prisonnier; le docteur oppose les mêmes raisons; pour donner plus d'autorité à sa parole, il avait fait une composition chimique très peu inodore qui ne laisse aucun doute au directeur, sinon sur la cause, du moins sur l'effet. A midi, le directeur revient pour la troisième fois, il veut à tout prix voir le Prince; même refus de la part du docteur; le directeur déclare que cette fois il ne sortira pas, et il s'installe dans une chaise à côté du docteur; enfin, au bout de deux heures d'attente, soit impatience, soit pressentiment, il se lève brusquement, et, repoussant le docteur Conneau, se précipite sur le lit et reste anéanti de stupeur devant la réalité.

Lorsque, par suite de la Révolution du 24 Février 1848, la France eut franchi d'un seul bond l'abîme qui séparait la royauté de la République, Louis-Napoléon s'empressa de venir offrir au Gouvernement provisoire (1) ses services et son concours désintéressés; mais ce gouvernement, le considérant comme un *prétendant*, le pria de retourner sur le sol étranger, et d'y demeurer jusqu'à ce que sa présence en France ne fût pas jugée dangereuse pour la tranquillité publique et le nouvel ordre de choses. Louis-Napoléon déféra à cette prière avec une résignation toute patriotique, et il refusa ensuite d'agréer les candidatures que lui offrirent de nombreux amis lors des élections générales à l'Assemblée nationale constituante, qui eurent lieu le 23 avril 1848.

L'Assemblée nationale fut ouverte le 4 mai. Le 13, Louis-Napoléon adressa au président de cette Assemblée une lettre, dans laquelle, après avoir dit, en faisant allusion aux affaires de Strasbourg et de Boulogne : « En présence d'un roi élu par deux cents députés, je pouvais me rappeler que j'avais été l'héritier désigné d'un Empire fondé sur l'assentiment de quatre millions de Français; » il ajou-

(1) Composé de MM. Dupont (de l'Eure), président ; Lamartine, Louis Blanc, Ledru-Rollin, Marie, Flocon, Marrast, Albert, Arago, Garnier-Pagès, Crémieux, et Pagnerre, secrétaire-général.

« Mais en présence de la souveraineté nationale, je ne veux revendiquer que mes droits de citoyen français. »

Au commencement de juin, plusieurs départements ayant à nommer de nouveaux représentants, en remplacement de ceux qui, aux élections générales, avaient été élus par plus d'un département, Louis-Napoléon obtint la majorité des suffrages dans les départements de la Seine, de l'Yonne, de la Sarthe et de la Charente-Inférieure. Lorsque, le 7 juin, le maire de Paris (M. Armand Marrast) proclama du haut du perron de l'Hôtel-de-Ville le résultat des élections de la Seine, les acclamations les plus vives accueillirent le nom de Louis-Napoléon Bonaparte.

Le même enthousiasme avait accueilli l'élection de Louis-Napoléon dans les autres départements.

L'Assemblée nationale, au grand désappointement de la Commission exécutive, prononça le lendemain, à une majorité imposante, l'admission de Louis-Napoléon comme représentant du peuple. Une foule nombreuse entourait, ce jour là, le palais de l'Assemblée, et faisait entendre les cris de : *Vive Louis Bonaparte! vive l'Empereur!*

Louis-Napoléon allait partir de Londres pour se rendre poste auquel l'appelaient les suffrages du peuple français, qu'il apprit que son élection servait de prétexte à des ables et à des erreurs funestes. Il écrivit aussitôt, le juin 1848, au président de l'Assemblée nationale :

» Je n'ai pas recherché l'honneur d'être représentant du peuple, parce que je savais les soupçons injustes dont j'étais l'objet. Je rechercherai encore moins le pouvoir. Si le peuple m'impose des devoirs, je les remplirai. Mais je désavoue tous ceux qui me prêteraient des intentions ambitieuses que je n'ai pas. Mon nom est un symbole d'ordre, de nationalité, de gloire, et ce serait avec la plus vive douleur que je le verrais servir à augmenter les troubles et le déchirement de la patrie. Pour éviter un tel malheur, je resterais plutôt en exil. Je suis prêt à tous les sacrifices pour le bonheur de la France. »

Cette généreuse démission mit fin à toute discussion, et tira la Commission exécutive des embarras dans lesquels elle s'était engagée.

Enfin, réélu au mois de septembre par les départements de la Seine, de l'Yonne, de la Charente-Inférieure, de la Moselle et de la Corse, Louis-Napoléon se rendit aux vœux de ses concitoyens, et entra dans l'Assemblée nationale le 26 septembre. « Après trente-trois ans de proscription, dit-il à cette Assemblée, je retrouve enfin ma patrie et mes concitoyens ; la République m'a procuré ce bonheur ; qu'elle reçoive l'expression de ma reconnaissance, et que ceux qui m'ont honoré du mandat de représentant du peuple soient bien convaincus qu'ils me verront toujours un des plus dévoués à la double tâche de maintenir la tranquillité, ce premier besoin du pays, et de développer les institutions démocratiques que le peuple a le droit de réclamer. Ma conduite sera toujours inspirée par le devoir, par le respect de la loi ; elle prouvera que nul ici n'est plus que moi dévoué à la défense de l'ordre et à l'affermissement de la République. » — Ces paroles, écoutées avec beaucoup d'intérêt, rencontrèrent l'approbation unanime de l'Assemblée.

La nouvelle Constitution ayant été votée le 4 novembre, et l'élection du Président de la République fixée au 10 décembre, la nation se préoccupa dès-lors vivement du choix à faire entre les différents candidats qui se présentaient (1).

Pendant que les divers partis s'agitaient et intriguaient chacun en faveur de son candidat à la présidence, Louis-Napoléon publia, le 27 novembre 1848, une profession de foi qui réunit les suffrages unanimes du peuple Français. Le 10 décembre 1848, la nation se prononça. Il n'y eut partout qu'un immense cri de réprobation contre cette politique de

(1) Ces candidats étaient principalement : le général Cavaignac, chef du Gouvernement depuis l'insurrection du mois de juin 1848 ; Louis-Napoléon Bonaparte ; MM. de Lamartine, Ledru-Rollin et Raspail.

misère, d'abaissement, d'arbitraire et de charlatanisme qui pesait depuis longtemps déjà sur la France, et Louis-Napoléon Bonaparte fut élu Président de la République par 5,434,226 voix, sur 7,326,345 votants (1). M. Cavaignac obtint 1,448,107 suffrages, M. Ledru-Rollin 379,119, M. Raspail 36,920, M. de Lamartine 17,910, et M. Changarnier 4,790.

Ce résultat ayant été vérifié par l'Assemblée nationale dans sa séance du 20 décembre 1848, M. le général Cavaignac, président du Conseil, remit aussitôt entre les mains de l'Assemblée les pouvoirs qu'il en avait reçus avec la démission collective des ministres, et M. Armand Marrast, président de l'Assemblée nationale, proclama, au nom du peuple français, le citoyen CHARLES-LOUIS-NAPOLÉON BONAPARTE, *Président de la République* jusqu'au mois de mai 1852.

Après avoir prêté serment, M. le Président de la République prononça un discours remarquable par son caractère de droiture et de sincérité, qui lui concilia l'approbation de toute l'Assemblée. Dans ce discours, il rendit aussi justice au général Cavaignac, dont la conduite, disait-il, a été digne de la loyauté de son caractère et de ce sentiment du devoir qui est la première qualité du chef d'un État. — Après ce discours, l'Assemblée tout entière s'est levée en criant: *Vive la République! Vive la République!*

Puis, M. le Président est sorti de la salle et est monté dans sa voiture pour se rendre à l'Élysée-National, sa demeure; les tambours battaient aux champs; un nombreux état-major et un escadron de dragons suivaient la voiture, en avant de laquelle marchaient les huissiers de l'Assemblée nationale, les messagers d'État, les questeurs, deux secrétaires et deux vice-présidents de l'Assemblée; la garde nationale et la troupe de ligne formaient la haie. Louis-Napoléon avait dans sa voiture M. le général Lebreton et M. Lacrosse, vice-président de l'Assemblée nationale. Des cris nombreux de: *Vive la République!* se firent entendre sur le passage du cortége.

(1) Dans ces nombres ne sont pas comprises la Corse et l'Algérie.

Immédiatement après son arrivée à l'Élysée, M. le Président fit publier la composition du nouveau ministère qu'il venait de nommer.

Le dimanche 24 décembre, le Président de la République a passé en revue la garde nationale et les troupes présentes à Paris, au cri de : *Vive la République! vive Napoléon.*

La France entière a la confiance dans le chef qu'elle s'est donné. Sa confiance n'a pas été trompée.

Le 20 décembre 1848, jour de la proclamation à la présidence de la République par l'Assemblée nationale, Louis-Napoléon prononçait à la tribune ce discours ou plutôt cet engagement solennel :

« Le suffrages de la nation et le serment que je viens de prêter commandent ma conduite future. Mon devoir est tracé, je le remplirai en homme d'honneur.

« Je veux, comme vous, rasseoir la société sur ses bases, affermir les institutions démocratiques, et rechercher tous les moyens propres à soulager les maux de ce peuple généreux et intelligent qui vient de me donner un témoignage si éclatant de sa confiance. (Très bien! très bien!)

« La majorité que j'ai obtenue, non-seulement me pénètre de reconnaissance, mais elle donnera au gouvernement nouveau la force morale sans laquelle il n'y a pas d'autorité.

« Avec la paix et l'ordre, notre pays peut se relever, guérir ses plaies, ramener les hommes égarés et calmer les passions.

« La conduite de l'honorable général Cavaignac a été digne de la loyauté de son caractère et de ce sentiment du devoir qui est la première qualité du chef d'un État (1) (Approbation).

(1) On se rappelle qu'après avoir prononcé ce discours, Louis-Napoléon, descendant de la tribune, se dirigea vers le banc du général Cavaignac et lui tendit la main en disant : « Je ne pouvais recevoir le pouvoir exécutif de mains plus dignes que les vôtres. »

« Soyons les hommes du pays, non les hommes d'un parti, et, Dieu aidant, nous ferons du moins le bien, si nous ne pouvons faire de grandes choses. »

Toutes ces promesses ont été réalisées, et, grâces à l'administration sage, ferme, loyale, intelligente du chef de l'État, l'ordre est rétabli au-dedans, la confiance est revenue, les esprits se sont rassurés. Au-dehors, nos relations politiques ont pris une attitude plus franche, plus décidée, plus digne d'une grande nation ; la France, enfin, a reconquis en Europe le rang qui lui convient, l'influence politique qu'elle doit exercer.

La position de M. le Président de la République était grave et dificile à son arrivée au pouvoir : de nombreux partis divisaient la majorité de l'Assemblée ; la désunion, la faiblesse, l'incertitude étaient partout ; la force et l'unité n'étaient nulle part.

Les légitimistes qui, depuis la révolution de Février, s'étaient tenus dans la plus grande réserve, furent, à la vérité, les premiers à se rallier autour de Louis-Napoléon. — Le parti orléaniste, le plus puissant parce qu'il touchait aux intérêts privés d'un grand nombre de familles, se rapprocha également du gouvernement de Louis-Napoléon. Mais il ne vit en lui qu'un moyen de rétablir l'ordre menacé et d'arriver sans secousse à une restauration de la famille d'Orléans. Quant au parti socialite, vaincu dans les tristes et sanglantes journées de juin 1848, mais non découragé, plus ardent peut-être que jamais dans la poursuite de la réalisation de son œuvre, il présentait un danger sérieux et imminent. Ce parti, composé des hommes les plus audacieux de l'élément révolutionnaire, ayant une organisation complète et préparée de longue main, des chefs connus, s'apprêtait à prendre sa revanche des échecs successifs qu'il avait éprouvés.

Telle était à peu près la situation intérieure : d'un côté, appui faible et incertain ; de l'autre, opposition constante et systématique ; d'un côté, méfiance et arrière-pensées ; de l'autre, calomnies et dénigrements violents contre tous les actes du nouveau pouvoir.

Quant aux questions de la politique extérieure, elles attendaient toutes une solution.

Cette complication d'intérêts si graves et si divers à l'intérieur et à l'extérieur, donnait au premier acte du gouvernement du Président de la République, la composition de son ministère, une importance d'une extrême gravité ; de là peut-être dépendait tout l'avenir. Le choix qu'il fit parmi les différentes nuances du parti modéré, ainsi que nous l'avons déjà expliqué, indiquèrent tout d'abord au pays la ligne politique d'abnégation personnelle et de conciliation que voulait suivre le nouveau chef d'État.

L'œuvre de l'Assemblée constituante était accomplie après l'élection qui donnait un chef au gouvernement fondé par elle.

L'expédition d'Italie était résolue. Une armée française, sous les ordres du général Oudinot, s'emparait de Civita-Vecchia, et, sur la foi de promesses fallacieuses, se présentait sous les murs de Rome, où elle était accueillie à coups de fusil. On connaît les détails du siége de Rome, la conduite héroïque de nos troupes, et la lettre que le Prince adressait le 8 juin 1849 au général Oudinot, commandant en chef de l'armée expéditionnaire d'Italie :

« Mon cher général,

« La nouvelle télégraphique qui annonce la résistance imprévue que vous avez rencontrée sous les murs de Rome m'a vivement peiné. J'espérais, vous le savez, que les habitants de Rome, ouvrant les yeux à l'évidence, recevraient avec empressement une armée qui venait accomplir chez eux une mission bienveillante et désintéressée.

« Il en a été autrement ; nos soldats ont été reçus en ennemis : notre honneur militaire est engagé ; je ne souffrirai pas qu'il reçoive aucune atteinte. Les renforts ne vous manqueront pas. Dites à vos soldats que j'apprécie leur bravoure, que je partage leurs peines, et qu'ils pourront toujours compter sur mon appui et sur ma reconnaissance. »

Une Assemblée nouvelle allait succéder à la première. Par une application exagérée et malheureuse du système de conciliation inauguré par la politique du 10 décembre, les élections générales furent abandonnées à l'influence et aux soins de l'*Union électorale*, représentée par les principaux chefs des anciens partis politiques.

Le Président ne s'abusa pas sur la portée du vote qui venait d'avoir lieu ; il examina la situation nouvelle qui lui était faite, et après avoir mesuré l'étendue de la tâche qui lui était imposée, il montra dès ses premiers actes qu'il était à la hauteur de cette tâche, et entra résolument dans cette marche nette et précise qu'il a tracée lui-même dans son premier Message à l'Assemblée.

Il comprit que le résultat des élections n'était pas l'effet du progrès de doctrines socialistes, mais plutôt une protestation éclatante contre toute tendance vers le retour d'un passé désormais impossible en France.

Les premières séances, en effet, furent signalées par des scènes de violence et de tumulte qui rappelaient les plus mauvais jours de l'Assemblée constituante. L'expédition d'Italie servit de nouveau de texte aux déclamations et aux projets du parti démagogique. Le rappel de M. Ferdinand Lesseps et le bombardement de Rome formèrent les bases d'une nouvelle demande de mise en accusation du ministère.

Le Président ne se laissa égarer ni par les clameurs des démagogues ni par les craintes qui s'emparaient des meilleurs esprits. Le 2 juin 1849, il fit paraître au *Moniteur* le décret qui modifiait le ministère en y introduisant un élément nouveau, le tiers-parti.

Le 7 juin 1849, il adressa à l'Assemblée son premier Message, résumé précis de la conduite et des actes du gouvernement depuis le 20 décembre, programme loyal de sa conduite future.

Le parti socialiste s'agitait toujours. A la séance du 11 juin 1849, M. Ledru-Rollin prononça du haut de la tribune un appel aux armes et à l'insurrection. La guerre civile était organisée, et les paroles de l'orateur de la montagne n'étaient que le prélude d'excitations plus violentes encore jetées à la population parisienne par les organes du parti démagogique. Le même jour, le Président de la République signa un décret qui plaça le commandement en chef de la garde nationale et de l'armée sous la direction du général Changarnier.

A la suite d'un vote de l'Assemblée, le commandement de la garde nationale fut confié au général Perrot, et le général Changarnier resta commandant en chef de l'armée de Paris.

A la veille des événements du 13 juin 1849, le Président de la République l'investit, ainsi que nous l'avons déjà dit du double commandement qui lui avait été retiré.

L'attitude prise depuis quelque temps par la partie violente de l'Assemblée, les provocations incessantes de la presse anarchiste, la proclamation publiée par les écoles de Paris, tout annonçait l'approche d'une de ces grandes crises dont Paris a été si souvent le théâtre.

Dès le 12 juin, les dispositions étaient faites pour parer à ces terribles éventualités.

Dans la matinée du 13, le gouvernement fut informé qu'une manifestation se préparait, et que, sous le prétexte de porter à l'Assemblée une réclamation des citoyens de la capitale sur les événements dont Rome venait d'être le théâtre, tout un plan d'insurrection avait été formé qui devait aboutir à une révolution nouvelle.

Plusieurs représentants de la montagne, ayant à leur tête M. Ledru-Rollin, s'étaient réunis au Conservatoire des Arts et Métiers, rue Saint-Martin, dont ils avaient fait le quartier-général de l'insurrection et le centre d'un nouveau gouvernement révolutionnaire. Plusieurs barricades avaient été élevées autour du Conservatoire et étaient défendues par un grand nombre d'artilleurs de la garde nationale. Les barricades furent rapidement enlevées par les charges audacieuses des 21e et 62e de ligne, et les nouveaux conventionnels furent obligés de chercher leur salut dans une fuite honteuse.

Le Président de la République adressa à la population parisienne une proclamation vigoureuse.

En même temps il décrète la mise en état de siége de Paris et la dissolution de l'artillerie de la garde nationale. Enfin au moment où les barricades commencent à s'élever, il parcourt les principales rues de la capitale, et montre ainsi à la population parisienne, justement alarmée, que le chef de l'Etat veille à sa sécurité et qu'il est prêt à lui faire le sacrifice de sa vie pour défendre le dépôt sacré des libertés publiques qui lui a été confié.

La journée du 13 juin 1849 fut décisive. Les espérances du parti démagogique avaient été déçues par la conduite de l'armée et par l'attitude de la population parisienne. Ce succès inespéré était dû à la politique ferme, loyale et intelligente à la fois du Président de la République.

Ce qu'il importe surtout de constater dans cette circonstance, c'est que la conduite des ouvriers trompa les espérances des meneurs socialistes comme elle les a trompées depuis dans les événements du mois de décembre dernier.

Quelques jours avant le 13 juin, la France avait perdu une grande illustration militaire, le maréchal Bugeaud, qui avait compris Louis-Napoléon Bonaparte, et s'était sérieusement et loyalement rallié à lui, témoin les paroles touchantes qu'il lui adressait à son lit de mort lors de la visite que celui-ci vint lui faire : « Je suis bien aise de vous voir, » Prince, lui disait-il en serrant affectueusement de ses » mains mourantes celles du Président. Vous avez une » grande mission à remplir. Vous sauverez la France avec » l'union et le concours de tous les gens de bien. Dieu ne » m'a pas jugé digne de rester ici-bas pour vous aider. Je » me sens mourir.

» — Tout n'est pas désespéré, lui répondit le Président

» douloureusement ému et pouvant à peine dérober ses larmes ; j'ai besoin de vous pour accomplir ma tâche, et Dieu » vous conservera ? »

Quelques heures après, le maréchal Bugeaud avait cessé de vivre.

Le choléra, ce triste fléau qui semble suivre toutes les grandes révolutions populaires, le choléra faisait d'affreux ravages dans la capitale. Le Président de la République s'empresse d'aller visiter les principaux hôpitaux de Paris ; l'Hôtel-Dieu, le Val-de-Grâce et la Salpétrière, ceux que l'épidémie a le plus cruellement frappés.

Au Val-de-Grâce, M. le chirurgien en chef Baudens lui présente, dans une des salles de son service, le voltigeur Gruveilher, du 62e de ligne, blessé de deux coups de feu dans la journée du 13 juin, à l'une des barricades des Arts-et-Métiers. Le Président de la République prend la décoration de la Légion-d'Honneur d'un de ses officiers d'ordonnance et la dépose sur le lit du blessé, dont les yeux se sont aussitôt remplis de larmes d'attendrissement et de reconnaissance.

Il accorde également la décoration au caporal infirmier Boffard, qui lui est signalé par le ministre de la guerre comme ayant fait preuve, pendant toute l'épidémie, du plus remarquable dévouement.

En lui donnant cette décoration, il lui dit : « Qu'il n'est pas moins glorieux d'affronter ainsi la mort sans gloire de l'hôpital, en secourant ses semblables, que la mort glorieuse du champ de bataille. »

L'exposition de l'industrie, cette grande institution populaire, réunit encore une fois aux Champs-Élysées les produits de nos arts et de nos richesses nationales. Le Président s'y rend plusieurs fois, interroge, conseille, encourage les exposants, et paraît heureux et fier du développement que n'ont cessé de prendre, au milieu des tristes jours d'agitation et de guerre civile, nos richesses nationales.

Le 5 juillet 1849, le télégraphe apporte la nouvelle de l'entrée de nos soldats à Rome.

Le Président de la République, si sympathique à toutes nos gloires, s'empresse d'adresser à M. le général Oudinot la lettre la plus flatteuse pour l'armée.

La France, suivant le Message du 7 juin 1849, commence à se couvrir de réseaux de chemins de fer.—L'inauguration de chacune de ces lignes fournit au Président l'occasion de comprendre et d'étudier les besoins, les sentiments, les vœux du plus grand nombre de nos départements. Chacun des discours qu'il prononce est tout un programme politique; chacune de ses paroles est un événement, et provoque de chaleureuses sympathies en sa faveur. C'est, suivant une de ses expressions, sa tribune politique.

En effet, Louis-Napoléon se montre tout entier dans ces improvisations si avidement attendues et commentées, qui sont le reflet de sa pensée sur les événements politiques du jour; sa parole ferme, éloquente, précise, élevée, empreinte de ce cachet qui lui est propre, révèle l'honnêteté de son cœur, la sagesse de ses vues, la prudente fermeté de sa conduite, l'esprit de suite et le bon sens qui le caractérise. Le mot de M. Boulay (de la Meurthe) : *C'est le plus honnête homme que je connaisse*, est ainsi justifié et expliqué.

A Ham, il prononça un remarquable discours qui produisit à juste titre une grande sensation.

Dans la Vendée il manifeste plus solennellement encore ses idées de conciliation, et faisant abstraction de tout souvenir du passé, de tout esprit de parti, il s'incline avec le même respect devant le tombeau de Bonchamp, le héros de la légitimité, et devant la statue de Cambronne, l'héroïque vaincu de Waterloo.

Dans le voyage du Président à Lyon, il s'arrête à Dijon et se rend en pèlerinage au village de Saint-Fixin, où un officier des armées impériales a fait élever à ses frais une magnifique statue, en bronze, de l'Empereur.

A Lyon il proclame ouvertement sa pensée politique en

présence de cette industrieuse cité où l'empereur Napoléon a laissé de si profonds souvenirs : « Abnégation ou persévérance ! » s'écrie-t-il. Tout l'avenir est tracé dans ces deux mots, que les partis avaient trop bien compris et qui excitèrent alors une si profonde émotion.

Dans ce même voyage de l'Est, le Président est accueilli à Besançon et à Strasbourg, comme dans toutes les villes sur son passage, par les chaleureuses acclamations de la foule et les ovations les plus enthousiastes.

Enfin, à Cherbourg, il fait entendre de patriotiques paroles.

Louis-Napoléon pose la première pierre des nouvelles halles centrales de Paris, le 15 septembre 1851.

En lisant attentivement les divers discours du Président en 1849, 1850 et 1851, qui embrassent toute la partie politique des trois années, on suit pour ainsi dire pas à pas la marche du Président de la République vers le but qu'il vient d'atteindre.

Tant que les partis concourent avec lui au salut du pays et le secondent franchement, il ne fait entendre que des paroles de paix et de conciliation ; mais quand ces mêmes partis commencent à relever leurs drapeaux et à tramer dans l'ombre des projets anti-nationaux, le Président de la République n'hésite pas à dessiner franchement de son côté toute une politique nouvelle et à les combattre ouvertement en face de la nation tout entière. A défaut de la tribune politique, où il ne peut faire entendre sa voix, c'est dans les circonstances solennelles que nous venons de citer qu'il dévoile sa pensée et qu'il explique sa conduite.

Le premier acte où le Président de la République manifesta sa pensée politique personnelle, en dissidence avec la majorité de l'Assemblée, fut la lettre du 18 août 1849, adressée à M. Edgard Ney.

C'était un changement complet de conduite politique ; c'était une déclaration, de la part du Président, de ne subordonner sa volonté à aucune influence, quelle qu'en fût l'originé; c'était enfin le premier pas vers cette voie d'indépendance personnelle qu'il n'a cessé de suivre jusqu'au 2 décembre et qui, il faut le reconnaître, n'a jamais été dirigée que par un profond sentiment de nationalité.

Les hostilités entre le pouvoir exécutif et le pouvoir législatif étaient engagées et devaient continuer pendant deux années encore au milieu des péripéties diverses jusqu'à l'acte décisif du 2 décembre 1851.

Un des premiers et des plus importants épisodes de cette lutte des deux pouvoirs fut la destitution du général Changarnier.

Les pèlerinages qui eurent lieu pendant les derniers mois de 1850 à Wiesbaden, où s'était rendu le comte de Chambord, ce représentant de la légitimité, et à Claremont, où s'éteignait Louis-Philippe, ce représentant de la monarchie constitutionnelle, ces pèlerinages, qui avaient pour but principal, ainsi que M. Berryer le déclarait lui-même à la tribune, d'opérer la fusion des deux branches de la famille des Bourbons, émurent justement l'opinion publique.

Pour donner une plus haute portée à ces démonstrations politiques, les journaux légitimistes contenaient chaque jour le récit des voyages de ces gens qui, tantôt de la Bretagne, tantôt des différentes parties de la France, de Paris même, ouvriers, artisans, laboureurs, se rendaient à Wiesbaden pour y saluer le futur roi de France. Il y avait eu à Wiesbaden des banquets, des délibérations politiques; il en avait été de même à Claremont.

Voici les dernières phases de la rivalité des deux pouvoirs.

Le lendemain du décret qui destituait le général Changarnier, M. de Rémusat, montant à la tribune, demanda qu'une commission fût nommée pour examiner la conduite du gouvernement dans cette circonstance. Cette proposition fut adoptée à une immense majorité, et M. Lanjuinais fut chargé de faire un rapport sur la question.

Les souvenirs des revues de Satory, de la destitution du

général Neumayer, de la société du 10 décembre, etc., etc., furent évoqués par l'ancien ministre de Louis-Napoléon et groupés en un faisceau d'accusation afin de frapper le ministère d'un blâme qui devait remonter jusqu'au pouvoir exécutif, car le rapporteur concluait à déclarer que le ministère n'avait plus la confiance de l'Assemblée et qu'on devait voter des remerciements publics au général Changarnier.

Les séances des 18 et 19 janvier furent consacrées à ce débat scandaleux. Chaque parti vint y faire sa profession de foi et y traça son programme politique. M. Berryer, M. Thiers furent les plus ardents à attaquer le Président de la République.

Le refus de dotation fut suivi d'un nouvel acte agressif de la part de l'Assemblée contre le Président de la République ou plutôt contre le pays tout entier. La révision de la Constitution, demandée instamment par des millions de pétitionnaires, demandée par 84 conseils généraux, et qui était pour la France une question de vie ou de mort en présence des événements qui pouvaient surgir aux élections de 1852, la révision de la Constitution fut repoussée par la majorité, qui dans cette circonstance ne craignit pas, ainsi que le disait le Président de la République, de se faire conventionnelle pour attaquer le pouvoir exécutif.

Louis-Napoléon répondit à cette nouvelle attaque en demandant le rappel de la loi du 31 mai 1850 et le rétablissement du suffrage universel. C'était le coup le plus terrible que l'on pût porter à la majorité.

Son irritation fut au comble. On ne parla de rien moins que de suspendre les pouvoirs du Président de la République, de l'envoyer à Vincennes, et de s'ériger en convention, non pas nationale, mais monarchique.

Le lendemain de cette déclaration du pouvoir exécutif, les trois questeurs déposèrent une proposition ayant pour but d'obtenir le droit de réquisition directe, c'est-à-dire de commander à l'armée de Paris depuis le général en chef jusqu'au moindre officier, depuis l'armée active jusqu'à la garde nationale.

Les hostilités, comme on le voit, prenaient un caractère tout à fait direct. Ce n'était plus seulement une lutte de prérogative entre les deux pouvoirs, c'était une guerre à mort.

Louis-Napoléon dut prendre et prit en effet des précautions pour sortir victorieux de cette lutte dont l'enjeu était l'avenir de la France.

La proposition des questeurs est repoussée à la majorité de plus de 100 voix, le 17 novembre 1851.

Ce vote, en déjouant les projets des parlementaires, permit au Président de la République de mieux choisir son terrain pour les derniers coups qu'il allait porter au pouvoir législatif.

Le drame touchait à son dénoûment; la fin était prévue; la forme seule restait incertaine.

C'est ici que se révèle dans tout son jour véritable la puissance de caractère et d'esprit du Président de la République.

Nous empruntons à l'excellent ouvrage publié par M. Barbier, dont la presse a parlé avec tant d'éloges mérités à si juste titre, les détails suivants, peu connus, sur la vie intérieure de Louis-Napoléon Bonaparte:

« On a beaucoup écrit sur le Prince depuis son retour en France; on a tracé de lui plusieurs portraits qui tous manquent de ressemblance. Tantôt on l'a comparé à Guillaume-le-Taciturne, tantôt à je ne sais quel Werther historique doublé d'Auguste et de Titus, et à grand renfort d'antithèses, on en a fait une image impassible et froide comme la fatalité, où ne se reflète aucune pensée; une figure inerte et insensible, où ne se révèle aucune sensation, mais qui n'est que le masque d'une vie intérieure ardente et puissante, qui n'est que l'enveloppe apparente d'une pensée vaste et profonde (1).

» Louis-Napoléon n'est ni Guillaume-le-Taciturne ni Werther. Sa figure n'est ni insensible ni inerte, et sa pensée ne se cache point sous un masque impassible. Sa physionomie est au contraire empreinte de bienveillance et de finesse, et la bonté de son âme se révèle aisément dans son regard et dans son sourire. Tous ceux qui l'approchent sont frappés de l'expression de douceur et de bonhomie de ses traits, de la simplicité noble et digne de sa personne. Ceux qui le connaissent mieux savent combien son cœur est généreux, son âme aimante et sympathique. Dans le cours de sa vie, si diverse, si accidentée, si féconde en événements, dans la bonne comme dans la mauvaise fortune, dans l'exil comme au pouvoir, Louis-Napoléon s'est toujours créé des affections sérieuses et dévouées. Il est peu de personnes en rapport avec lui qui n'aient cédé à l'attrait irrésistible de cette nature d'élite.

» L'impassibilité qu'il montre dans les grandes circonstances de la vie n'est que le résultat de sérieuses études et de longues méditations. Ce calme est celui des âmes fortes (2).

» L'étude, l'exil, la captivité ont modifié à ce point sa nature généreuse, qu'aujourd'hui Napoléon est entièrement maître de lui ; mais, encore une fois, ce serait une erreur de croire *que la nature morale en lui est contenue par la nature physique.* C'est au contraire la volonté et la force d'âme qui chez lui commandent aux sens : « S'agiter n'est pas avancer, » a-t-il coutume de dire. Ce mot est profondément vrai, en politique surtout. Sa parole sobre et précise est la

(1) La Guéronnière, portrait de Louis-Napoleon.

(2) Après Marengo, David, chargé de représenter Bonaparte au passage du Saint-Bernard, lui demanda comment il voulait être peint : « Calme sur un cheval fougueux, » répondit le premier Consul.

conséquence du système de conduite qu'il s'est imposé et qui, dans les circonstances graves et difficiles où il s'est trouvé, lui a si bien réussi. Nul n'apprécie vite et mieux les hommes et les choses, et le premier jugement qu'il porte est généralement juste. Il revient rarement de sa première impression, car il sait qu'elle est toujours bonne.

» Observateur perspicace, il voit d'un coup d'œil rapide tout ce qui se passe autour de lui sans rien laisser paraître des impressions qu'il en reçoit. Le souvenir de ces impressions, le jugement qu'il porte sur les hommes se classent dans sa mémoire et lui reviennent toujours en temps opportun. On est souvent surpris de le voir se rappeler des faits accomplis depuis longtemps et de désigner pour des postes importants des hommes auxquels personne n'avait songé et dont lui seul avait deviné les dispositions applicables. C'était le système de l'Empereur, et on sait quels heureux résultats il obtenait.

» Du reste, il a été si souvent à même de juger les hommes et de les connaître dans le concours habituel d'ambitieux, d'intrigants politiques, d'importants et d'importuns de toute espèce qui se sont pressés autour de lui dès les premiers jours de sa grandeur, qu'il a dû se ressouvenir plus d'une fois de ces vers d'un poëte célèbre :

. . . . Que du faîte où nous sommes,
Le spectacle qu'on a nous dégoûte des hommes.

» On a vu avec quel heureux à propos et quel discernement il choisit les hommes appelés à concourir aux événements du 2 décembre.

» Comme l'Empereur, il croit à sa destinée, et il aime les gens qui ont foi en la leur. En effet, dans la vie politique comme dans les combats, il faut être heureux pour réussir (1).

(1) L'Empereur avait coutume de dire qu'il faut être heureux pour faire la guerre.

» Cette confiance constante dans son étoile, qui ne l'a jamais abandonné, même dans les positions les plus critiques, explique et justifie tous les actes de sa vie; elle puise sa force dans la foi religieuse. Louis-Napoléon est croyant dans toute l'acception du mot. Dans les grands événements politiques qui se sont accomplis depuis trois ans, il n'a jamais manqué d'invoquer l'assistance de la religion. Dans presque tous ses discours on retrouve le nom de Dieu. Dans les divers voyages qu'il a faits en France, son premier soin a toujours été, en entrant dans une ville, d'aller demander les bénédictions du Ciel dans l'église métropolitaine : ce n'était point, ainsi qu'on l'a souvent répété à cette époque, dans une pensée politique, c'était dans une pensée purement religieuse.

» — *Ce qui fait ma force, à moi*, disait-il un jour à un général qui a longtemps fait partie de ses conseils ministériels, *c'est que j'ai la foi religieuse qui vous manque!* . . . . . .

» Louis-Napoléon se lève habituellement à sept heures en été, à huit en hiver. Son premier soin est de lire les lettres importantes qui lui sont remises par son valet de chambre Thélin, et qui, toutes, portent un timbre ou un chiffre convenu d'avance avec les personnes qui sont le plus avant dans sa confiance. Il fait ensuite quelques tours de promenade dans le jardin et revient à neuf heures dans son cabinet de travail, qui est contigu à sa chambre à coucher. Ses aides-de-camp sont admis auprès de lui en ce moment; puis c'est le tour des officiers d'ordonnance de service : il leur donne les ordres pour la journée. Le docteur Conneau, son médecin, se rend également à cette heure auprès de lui, ainsi que M. Mocquard, son chef de cabinet, et M. Bure, l'intendant de l'Élysée (1).

Quand chacun a reçu ses instructions, le prince engage souvent avec eux une conversation toute familière et qui

(1) M. Bure, frère de lait de Louis-Napoléon, est un des hommes les plus bienveillants qui existent. Esprit honnête, cœur généreux, il est bien digne de comprendre et de seconder l'inépuisable bienfaisance du Prince.

dure quelques instants seulement ; puis il s'occupe d'expédier les affaires les plus urgentes, celles dont il doit entretenir ses ministres, qui ordinairement se réunissent en conseil à l'Élysée à midi. Il parcourt les journaux, sur lesquels on a eu soin de marquer au crayon rouge les passages les plus importants. Il lit surtout attentivement les journaux anglais. Les charges du *Charivari* et du *Journal pour rire* sur sa personne ou sur celle de ses ministres, à l'époque où il leur était permis d'en publier, l'égayaient beaucoup ; il riait de ces ébauches artistiques, où souvent son image était loin d'être flattée.

» A dix heures le prince donne quelques rares audiences. Le déjeuner a lieu à onze heures habituellement. Louis-Napoléon mange avec grande sobriété. Au sortir de déjeuner, il se rend au conseil et vient s'asseoir à la table commune, autour de laquelle sont réunis les ministres. Il écoute attentivement les délibérations et n'y prend part ordinairement que par quelques mots décisifs qui résument les questions et qui indiquent la marche à suivre. Le prince a l'habitude, pendant les séances du conseil, de tracer à la plume sur des chiffons de papier des croquis de paysage ou des figures de fantaisie dont les employés de l'Élysée s'emparent avec empressement. Après le conseil, il prend congé des ministres et reçoit les autres personnes de sa maison que les besoins du service appellent auprès de lui. Il reçoit également à cette heure, c'est-à-dire de une à deux, les personnes qui ont obtenu des lettres d'audience.

A deux heures, avant les événements du 2 décembre, il avait coutume de sortir en tilbury ou à cheval pour faire une promenade au bois de Boulogne. Dans ces promenades, il était toujours accompagné d'un de ses officiers d'ordonnance. Bon et beau cavalier, il a toujours dans ses écuries l'élite des chevaux de race. Ces excursions au bois de Boulogne se prolongeaient jusqu'à quatre heures, quelquefois jusqu'à cinq. Quand il sortait en tilbury, c'était toujours lui qui tenait les rênes.

» Au retour il se faisait rendre compte, par une personne de sa maison chargée de ce soin, des séances de l'Assemblée. Il recevait également quelques visites à cette heure.

» Le dîner a lieu à six heures. Plusieurs fois par semaine il y a de grands couverts où sont invités les hommes les plus importants, ministres, généraux, fonctionnaires publics et autres. La liste des personnes invitées est dressée par lui avec le plus grand soin.

» Dans la soirée, les jours où il n'y a pas réception, le Prince se rend une ou deux fois par semaine à l'Opéra, aux Français et aux Italiens, et même dans quelques autres théâtres. Les autres soirées sont employées par lui au travail ou à l'étude des grandes questions administratives et politiques.

» Quelques jours avant les événements du 2 décembre et depuis qu'ils sont accomplis, le Prince s'est livré à un prodigieux travail de cabinet. Bien souvent le jour est venu le surprendre dans ces études laborieuses, qui avaient pour but l'avenir et la prospérité de la France.

» Tous les actes du coup d'État, proclamations, décrets, appel au peuple, etc., ont été dictés par lui ou écrits par lui. Il en a été de même de la plus grande partie des décrets qui ont paru depuis cette époque.

» La constitution nouvelle qu'il vient de publier est son œuvre toute particulière. La veille où elle parut, il en corrigea les épreuves lui-même avec le plus grand soin, en présence du garde des sceaux, ministre de la justice, et du directeur de l'imprimerie nationale. Cette séance se prolongea jusqu'à deux heures du matin.

» Tel est l'homme auquel la France vient de confier sa destinée. Comme on vient de le voir par cet aperçu, Louis-Napoléon poursuit sérieusement, scrupuleusement la grande mission qu'il s'est imposée, de rendre à la France sa prospérité des beaux jours d'autrefois ; et Dieu, ainsi qu'il le dit lui-même et ainsi que nous l'espérons, Dieu bénira son œuvre. »

Nous terminons cette deuxième partie en résumant, d'après les journaux, qui tous en ont fait un éloge si bien mérité, le portrait politique du prince Louis-Napoléon Bonaparte, dû à la plume brillante et impartiale du célèbre publiciste l'honorable M. de La Guéronnière, élu député au Corps-Législatif, le 29 février 1852, par le département du Cantal.

« Louis-Napoléon Bonaparte, chef de la République Française, est tout à la fois un grand nom et une grande situation. Sa vie déborde d'événements, d'accidents, d'émotions, de déceptions, de surprises de la fortune et du sort. Né près d'un trône, bercé sur les genoux d'un empereur, marqué pour l'éventualité du plus lourd et du plus magnifique héritage qui ait jamais été promis à un berceau royal, élevé dans le culte de son nom et dans la religion de son sang, renversé et ballotté par toutes les vicissitudes qui semblent l'apanage des dynasties anciennes et nouvelles, le fils du roi de Hollande et de la reine Hortense présente l'une de ces destinées étranges, mystérieuses, profondes, dont la trame nouée et dénouée par la fatalité échappe à toute analyse. Le drame humain tout entier se déroule dans cette destinée. Voilà un enfant qui n'ouvre les yeux à la lumière que pour être ébloui de la gloire de sa race. Les premiers sons qui frappent son oreille sont les échos de victoire qui feront retentir son nom jusqu'aux extrémités du monde et de la postérité. La vie pour lui n'est qu'un enchantement et un éblouissement. Tout à coup la scène change ; un empire s'ébranle. L'Europe, vaincue et humiliée, se redresse derrière un million de soldats ; elle s'avance en colonnes serrées par toutes les issues de cet immense territoire, agrandi de récentes conquêtes qui ont reculé la frontière française ; elle envahit le sol de la patrie ; elle triomphe de l'héroïsme et du génie par le nombre ; elle dégrade cette dynastie de la guerre et des batailles qui la faisait trembler jusque sur les bords de la Vistule et de la Newa. L'Empereur abdique et s'exile. Sa famille, qu'il avait distribuée sur les trônes, se disperse sur la terre étrangère. La reine Hortense, cette femme charmante, aussi dévouée qu'aimée, emporte ses fils dans sa modeste retraite d'Arenenberg, sur le bord du lac de Constance. La femme s'oublie et les sensibilités de sa nature se transforment, s'épurent et s'ennoblissent dans les tendresses exquises et dans les affections exaltées de la mère. La rude éducation de l'exil succède à l'éducation facile et douce des palais. Le prince qui devait apprendre à être roi apprend à être homme. Il essaie de devenir soldat en se mêlant aux exercices des jeunes officiers suisses réunis au camp de Thoun. La révolution de juillet le réveille et l'exalte. Il échange les tristesses du proscrit pour les aventures du conspirateur, et se jette étourdiment en Romagne avec son frère aîné, pour marcher sur Rome à la tête des insurgés. Entraîné dans la déroute de cette armée indisciplinée, qui se disperse au premier choc des escadrons autrichiens, il n'échappe à la mort que pour assister à l'agonie de son frère, Charles Napoléon, dont il reçoit le dernier soupir. Épuisé de souffrances et de fatigues, abîmé de douleur, traqué par la police, il est sauvé par sa mère, qui le rejoint à Ancône, lui fait traverser la France, d'où un ordre du gouvernement l'expulse presque aussitôt et le ramène en Angleterre et en Suisse. Alors commence une autre phase de cette existence si tourmentée. Le fils de Napoléon meurt; son neveu devient son héritier; l'insurgé de la Romagne se fait prétendant; il refuse dédaigneusement un trône en Portugal; il prépare l'entreprise de Strasbourg. Le gouvernement ne le juge pas et le déporte en Amérique; il en revient pour aller échouer à Boulogne. Vaincu, il est traité en victime. La prison de Ham se referme sur lui. Il en sort en fugitif pour rentrer en France, après l'avénement de la République, en favori du peuple. Six millions de voix l'élèvent à la présidence. L'homme d'État va se mettre à l'œuvre. Voilà cette vie! Je reviendrai sur ses épisodes les plus curieux et les plus importants. Voyons l'homme.

« Cette figure inerte et insensible en apparence n'est que le masque d'une vie intérieure ardente et puissante. Ces yeux sont éteints, mais ils sont profonds comme la pensée dans laquelle ils plongent et qui remonte par instant à leur orbite, comme la flamme monte du foyer où elle s'allume. Ce front est sombre comme la fatalité, mais il est vaste comme la conception. Ces lèvres sont blèmes, mais elles sont fines, délicates, discrètes, s'entr'ouvrant à peine, tout juste ce qui est nécessaire pour laisser passer l'expression brève et précise d'une volonté réfléchie et arrêtée. Cette parole est indolente et traînante, mais elle est sûre d'elle, et son indifférence apparente n'est que l'excès de sa confiance. L'audace voilée par la timidité ; la résolution dissimulée par la douceur ; l'inflexibilité rachetée par la bonté ; la finesse cachée par la bonhomie ; la vie sous le marbre ; le feu sous la cendre ; en un mot, quelque chose d'Auguste et de Titus sous les traits de Werther, ce type de la rêverie allemande : tel apparaît Louis-Napoléon Bonaparte.

« Avec cette inflexibilité de volonté, rien de tranchant ni d'absolu dans la forme. Il domine sans humilier. La reine Hortense l'appelait un *doux entêté*. Ce jugement maternel est complétement vrai. Louis-Napoléon Bonaparte a cette bonté de cœur qui tempère et qui souvent dissimule les allures de l'esprit. Sa roideur un peu anglaise, dans sa personne, dans ses manières et jusque dans son langage, s'efface sous l'affabilité, qui n'est chez lui que la grâce du sentiment. Beaucoup s'y trompent et prennent sa bonté pour de la faiblesse et son affabilité pour la banalité. Au fond, il se possède complétement ; il est absolument maître de lui, et ses meilleures inspirations n'entrent dans ses actions que selon la mesure qu'il détermine. Facile à passionner, impossible à entraîner, il calcule tout, même ses enthousiasmes et ses audaces. Son cœur n'est que le vassal de sa tête.

Au mois d'octobre 1848, le prince Louis-Napoléon Bonaparte préparait sa candidature à la présidence de la République. Il cherchait à rallier les partis sans se livrer à eux ; il recevait tout le monde ; il écoutait tous les conseils ; il accueillait toutes les idées sans énoncer ni engager les siennes. Un manifeste était nécessaire. Le général Cavaignac avait écrit le sien dans six mois de pouvoir avec la pointe de son épée dans les actes de sa dictature militaire. Quel serait celui de son redoutable concurrent ?

La France l'attendait. Louis-Napoléon Bonaparte le rédige avec cette netteté de pensée et de style qui est le cachet de tous ses écrits. Par déférence plus que par goût, il croit devoir consulter deux hommes qui appuyaient sa candidature : l'un, M. Thiers, avec les précautions d'un regret et d'une défiance ; l'autre, M. de Girardin, avec l'ardeur d'une sympathie loyale, incapable d'une réticence ou d'une trahison. A cette époque, M. Véron ne s'était pas encore affranchi de la tutelle qui faisait sa plume mineure et son journal esclave. Le *Constitutionnel* suivait les inspirations de l'ancien président du conseil de la monarchie de Juillet. C'était donc quelque chose d'important que l'approbation de M. Thiers.

Dans l'honnêteté et le patriotisme de ses intentions, Louis-Napoléon Bonaparte avait écrit cette phrase : « Je mettrais mon honneur à laisser, au bout de quatre ans, à mon successeur, le pouvoir affermi, la liberté intacte, un progrès réel accompli. »

« Qu'allez-vous faire ? s'écria M. Thiers. Biffez, biffez cette phrase imprudente. Gardez-vous bien d'engagements de cette sorte. N'engagez rien. Réservez tout ! »

Le manifeste contenait encore la phrase suivante : « La République doit être généreuse et avoir foi dans son avenir ; aussi, moi qui ai connu l'exil et la captivité, j'appelle de tous mes vœux le jour où la patrie pourra sans danger faire cesser toutes les proscriptions et effacer les dernières traces de nos guerres civiles. »

« Encore une imprudence, s'écria M. Thiers. L'amnistie, quand le sang de la bataille de juin n'est pas effacé sur le pavé des barricades ! La bourgeoisie va crier haro ! Il s'agit bien d'être généreux ! Il s'agit d'être habile. »

M. Thiers trouva, en résumé, que le manifeste de Louis-Napoléon Bonaparte n'avait pas le sens commun, et le lendemain il s'empressa de lui en envoyer un autre qu'il avait fait rédiger par M. Merruau, homme de sens et d'esprit, alors rédacteur en chef du *Constitutionnel*, aujourd'hui secrétaire général de la préfecture de la Seine.

Survint M. de Girardin. « Qu'en pensez-vous? lui dit le futur président en lui montrant les deux manifestes. — Je pense, répondit le rédacteur en chef de *la Presse*, que l'un est vrai comme la nature, et que l'autre est pâle comme une copie calquée derrière une vitre. Soyez vous-même : c'est ce qu'il y a de mieux. »

Et comme Louis-Napoléon Bonaparte faisait part à M. de Girardin des scrupules de M. Thiers à propos des deux phrases, l'une si honnête, l'autre si généreuse, dont il avait trouvé l'inspiration dans sa conscience et dans son cœur, son interlocuteur lui répondit en ces termes : « Prince, ceci est sérieux. Voulez-vous en effet *mettre votre honneur à laisser au bout de quatre ans à votre successeur le pouvoir affermi, la liberté intacte, le progrès réel accompli*, conservez la phrase. Ne le voulez-vous pas, oh ! alors, biffez-la bien vite. »

Louis-Napoléon Bonaparte ne biffa pas la phrase.

En pénétrant les mobiles qui ont poussé Louis-Napoléon Bonaparte à suivre sa destinée, il y en a deux qu'il importe de signaler. Il était convaincu d'abord que le bonapartisme existait en France à l'état latent, et qu'il suffisait d'une étincelle pour en déterminer l'explosion. Il croyait en outre que sa naissance et son nom ne lui permettaient pas de rester dans l'oisiveté et la résignation de l'exil, et, comme il l'a écrit depuis dans la lettre si curieuse qui a été publiée, il pensait qu'il n'avait qu'à choisir ENTRE L'OMBRE D'UN CACHOT OU LA LUMIÈRE DU POUVOIR.

On parlait un jour à l'Élysée de la loi du 31 mai 1850, et l'on disait devant Louis-Napoléon Bonaparte que cette loi rendait sa réélection très probable, surtout dans les villes où elle avait écarté du scrutin l'élément socialiste. M. le Président de la République prit la parole et dit : « Ce n'est » pas pour moi une question d'éventualité plus ou moins » favorable, mais une question de principes. Il n'existe que » deux principes : celui de l'hérédité et celui de la souve- » raineté nationale. Jamais on ne pourra faire le bien avec » une légitimité quelconque. Je ne comprends pas comment » tant d'hommes politiques distingués ont pu entretenir une » espérance contraire sous Louis-Philippe. Mon pouvoir, » issu sans restriction de la volonté nationale, de la souve- » raineté du peuple, est une véritable légitimité. Je ne » saurais consentir, dans aucun cas, à devenir la branche » cadette du suffrage universel. »

Ces paroles, entendues et rapportées par M. Véron, expliquent par quel sentiment Louis-Napoléon Bonaparte a été amené à proposer le rétablissement du suffrage universel.

Le suffrage universel, c'est son dogme. Même quand il entrait à Strasbourg en prétendant et à Boulogne en empereur, il en reconnaissait le principe et en provoquait l'exercice. Comment donc aurait-il pu vouloir le détruire? « La loi du 31 mai, disait-il encore dernièrement, a sus- » pendu le suffrage universel; elle ne l'a pas abrogé, on « n'abroge pas un droit. »

Qui a fait le coup d'État du 2 décembre? Ce n'est pas l'élu du 10 décembre 1848 : c'est le socialisme, compliqué et aggravé par le parlementarisme.

Qui fera l'empire, si l'empire se fait? Ce n'est pas l'élu du 20 décembre 1851 : ce sont les vieux partis négociant ouvertement des fusions et des restaurations qui sont la négation de la souveraineté du pays.

Les véritables impérialistes ne sont pas ceux que l'on pense. Il y a des impérialistes qui, sans le savoir et surtout sans le vouloir, rendent inévitable ce qu'ils considèrent sans doute comme valant beaucoup moins que le régime actuel.

« Conservons la République! » a dit Louis-Napoléon. A cette parole de patriotisme et d'abnégation, que répondent les partis? ils répondent sans prudence et sans prévoyance : « Préparons la monarchie! »

Eh bien! préparer la monarchie, c'est rendre la République impossible et l'empire inévitable.

Louis-Napoléon s'exprimait ainsi dans le discours du 29 mars 1852 dont nous venons de reproduire l'une des paroles qui ont le plus frappé l'opinion en France et en Europe :

« Lorsque je puise des exemples dans le Consulat et l'Empire, c'est que là surtout je les trouve empreints de nationalité et de grandeur. Résolu aujourd'hui comme toujours de faire tout pour la France, rien pour moi, je n'accepterais de modification à l'état présent des choses que si j'y étais contraint par une nécessité évidente. D'où peut-elle naître? Uniquement de la conduite des partis. S'ils se résignent, rien ne sera changé. Mais si, par leurs sourdes menées, ils cherchaient à saper les bases de mon gouvernement; si dans leur aveuglement ils niaient la légitimité du résultat de l'élection populaire; si enfin ils venaient sans cesse par leurs attaques mettre en question l'avenir du pays, alors, mais seulement alors, il pourrait être raisonnable de demander au peuple, au nom du repos de la France, un nouveau titre qui fixât irrévocablement sur ma tête le pouvoir dont il m'a revêtu. »

Que les négociateurs de fusion relisent ce passage, et qu'ils disent ensuite, la main sur la conscience, s'ils ne préparent pas eux-mêmes le régime qu'ils redoutent.

Nous avons dit souvent que l'empire ne pourrait être qu'une nécessité et jamais une prétention ou une fantaisie. Cette nécessité, nous n'avons ni à la constater, ni à l'exagérer, ni à la précipiter. Elle sera écrite à son heure dans la conduite des partis et dans le vœu de la France.

DEUXIEME PARTIE.

Révolution du 2 Décembre 1851.

Extraits des journaux, d'après le récit authentique et officiel de M. A. GRANIER DE CASSAGNAC.

Tout le monde est encore frappé de la situation intolérable dans laquelle l'hostilité systématique de l'Assemblée et les conspirations flagrantes des anciens partis avaient jeté la France.

On ne pouvait ni travailler ni gouverner. C'était une agonie générale de toutes choses, de l'agriculture, de l'industrie, du commerce, des lois, du pouvoir, de la société.

La situation était donc intolérable ; il fallait en sortir et en finir.

Tous les partis le sentaient.

En partant pour leurs départements, au moment de la prorogation, un grand nombre de représentants conservateurs, allant prendre congé du Président de la République, le conjuraient de dissoudre l'Assemblée avant son retour.

A la même époque, le parti qu'on nomme de la fusion fit faire des ouvertures au Président, soit pour l'aider à sauver la société, soit pour se réunir à lui afin de maintenir l'ordre s'il devenait indispensable de faire un coup d'État.

Peu de jours avant la rentrée de l'Assemblée, des représentants appartenant au parti rouge et socialiste firent proposer au Président de s'appuyer sur eux et de prendre un ministère dans leurs rangs.

Enfin le 1er décembre, dans la soirée, une proposition de concours fut apportée à Louis-Napoléon au nom de chefs légitimistes.

On le voit, tous les partis sans exception jugeaient que la position n'était plus tenable; tous proposaient au Président de l'aider à en sortir; — seulement chacun de ces partis voulait que le Président s'appuyât exclusivement sur lui; — et Louis-Napoléon n'a voulu s'appuyer que sur la France.

Le Président de la République, investi par deux conspirations et obligé par sa responsabilité comme chef de l'État, n'avait plus la liberté de sa conduite; il ne lui restait que le choix du genre de dévouement pour préserver la France et l'Europe.

C'était d'abord une vaste organisation de brigands, dirigés par les sociétés et abrités derrière le drapeau de ce qu'on nommait les Montagnards, dont la plupart assurément ne savaient pas la nature et l'étendue des abominations qu'ils patronaient. Le gouvernement connaissait toutes les mailles de ce réseau et tenait dans ses mains tous les fils de cette trame communiste. Les rapports précis et détaillés des préfectures et des parquets ne laissaient aucun doute possible sur les plans d'incendie, de pillage et de massacre, dont l'affaiblissement des pouvoirs publics aurait amené l'explosion certaine au mois de mai 1852, et qui pouvaient d'ailleurs éclater à la faveur de la première crise.

C'était ensuite une conspiration ourdie par les anciens partis, coalisés contre le Président de la République avec le dessein de le renverser et de lui substituer la dictature de l'Assemblée. Les projets, les plans, le personnel de cette conspiration étaient parfaitement connus de Louis-Napoléon.

En face d'un tel péril, pénétré de la confiance de six

millions d'hommes qui lui avaient confié leurs destinées et des devoirs que cette confiance lui imposait, il se résolut à sauver le pays, sachant bien qu'il donnait comme gages de sa loyauté sa tête aux passions du présent, sa mémoire au jugement de l'avenir.

C'est immédiatement après l'acte d'hostilité des questeurs que le Président prit son parti et ses mesures pour une éventualité évidemment très prochaine. Trois hommes furent les confidents de sa pensée : MM. de Saint-Arnaud, ministre de la guerre; M. de Morny, représentant du peuple, et M. de Maupas, préfet de police. Louis-Napoléon leur fit connaître les dangers immenses qui menaçaient la société et que chaque jour aggravait; il leur exposa les desseins qu'il avait formés pour les conjurer et leur demanda leur concours. Tous trois le promirent : M. de Morny pour toute la responsabilité politique à encourir comme ministre de l'intérieur, M. de Saint-Arnaud pour les opérations militaires ; M. de Maupas pour l'action de la police.

Pendant plus de quinze jours, ces trois hommes arrêtèrent avec le Président tous les détails de cet acte immense, dont le 18 brumaire n'égale ni la difficulté, ni l'habileté, ni la grandeur, et les moindres choses y furent prévues, concertées, détaillées, préparées avec un si merveilleux secret, qu'à l'exception de trois ou quatre amis sûrs du Président, confidents anciens et constants de sa pensée, et agents nécessaires de ses desseins, personne n'en eut même un soupçon avant la minute suprême qui précéda la mise en scène.

Les personnes dont la police avait à opérer l'enlèvement étaient de deux sortes : les représentants plus ou moins engagés dans une conspiration flagrante, les chefs de sociétés secrètes et les commandants de barricades, toujours prêts à exécuter les ordres des factions. Les unes et les autres étaient surveillées et comme gardées à vue depuis quinze jours par des agents invisibles, et pas un de ces agents ne soupçonnait le but de sa mission réelle, ayant tous reçu des missions diverses et imaginaires.

Le nombre total des personnes à enlever s'élevait à 78, dont 18 représentants et 60 chefs de sociétés secrètes et de barricades.

Les 800 sergents-de-ville et les brigades de sûreté avaient été consignées à la préfecture de Police le 1er décembre, à onze heures du soir, sous le prétexte de la présence à Paris des réfugiés de Londres. A trois heures et demie du matin, le 2, les officiers de paix et les quarante commissaires de police étaient convoqués à domicile. A quatre heures et demie, tout le monde était arrivé et placé par petits groupes dans des pièces séparées afin d'éviter les questions.

A cinq heures, tous les commissaires descendirent, un à un, dans le cabinet du préfet et reçurent de sa bouche la confidence pleine et entière de la vérité, avec les indications, les instruments et les ordres nécessaires. Les hommes avaient été appropriés avec un soin spécial au genre d'opération qui leur était confié, et tous partirent pleins de zèle et d'ardeur, résolus d'accomplir leur devoir à tout prix. Aucun n'a failli à sa promesse. Un grand nombre de voitures, préparées à l'avance, stationnaient par groupes sur les quais, aux abords de la préfecture de Police, de manière à n'éveiller l'attention de personne.

Les arrestations avaient été combinées, entre le préfet de police et le ministre de la guerre, de façon à ce qu'elles précédassent d'un quart d'heure l'arrivée des troupes sur les lieux indiqués. Les arrestations devaient être opérées à six heures et un quart, et les agents avaient ordre de se trouver à la porte des personnes désignées à six heures et cinq minutes. Tout s'effectua avec une merveilleuse ponctualité, et aucune arrestation n'exigea plus de vingt minutes.

En même temps que les représentants, étaient arrêtés dans leur lit et sans la moindre difficulté les chefs les plus dangereux des sociétés secrètes et des barricades. Ce genre d'arrestations se poursuit sans relâche et a déjà donné de grands résultats.

Quoique essentiellement délicate de sa nature, la mission

confiée à l'armée ne pouvait laisser aucun doute ni au Président de la République, ni au ministre de la guerre.

En effet, que lui demandait Louis-Napoléon Bonaparte? — Un trône? — Nullement. — Le triomphe de tel ou tel parti politique? — Nullement.

Louis-Napoléon Bonaparte demandait à l'armée de protéger la liberté de la France entière contre les entreprises des factions, et de maintenir l'ordre dans les rues, jusqu'à ce que dix millions d'électeurs, solennellement consultés, eussent fait connaître leur volonté par un vote.

Une mission si simple, si noble, si loyale, confiée à une armée admirable de discipline et de patriotisme, ne pouvait être qu'ardemment acceptée et remplie.

Toutes les mesures avaient été exécutées avec une telle promptitude, avec un tel ensemble, avec une telle précision et un tel calme, que Paris, stupéfait, se réveilla, le 2 décembre, sous le poids immense et irrésistible d'un fait accompli par la sagesse et par le courage de quelques-uns, dans l'intérêt et pour le salut de tous.

Il n'y avait qu'un cri : *c'est bien joué!*

La première et universelle impression fut favorable, parce que le Président se montrait à la fois très habile, très résolu et très fort.

Personne ne songeait plus à la Constitution, qu'on s'était habitué à mépriser; personne ne s'informait et ne s'occupait des représentants, qu'on s'était habitué à dédaigner; l'acte énergique du Président était généralement accepté, avec cette seule réserve : — *Réussira-t-il?*

Après la première surprise, la population courut aux nouvelles, et se porta aux affiches, que de nombreux agents appliquaient encore sur les murs.

On lut d'abord le décret suivant qui annonçait et qui résumait le grand acte du 2 décembre :

Au nom du peuple français.

LE PRÉSIDENT DE LA RÉPUBLIQUE DÉCRÈTE :

Art. 1er L'Assemblée nationale est dissoute.

Art. 2. Le suffrage universel est rétabli. La loi du 31 mai est abrogée.

Art. 3. Le peuple français est convoqué dans ses comices, à partir du 14 décembre jusqu'au 21 décembre suivant.

Art. 4. L'état de siége est décrété dans l'étendue de la 1re division militaire.

Art. 5. Le conseil d'État est dissous.

Art. 6. Le ministre de l'intérieur est chargé de l'exécution du présent décret.

Fait au palais de l'Élysée, le 2 décembre 1851.

LOUIS-NAPOLÉON BONAPARTE.

Le ministre de l'intérieur,

DE MORNY.

Nous l'avons déjà dit, personne ne regrettait l'Assemblée ; on s'occupait encore moins du Conseil-d'État, devenu une succursale des intrigues parlementaires. Le pays tout entier était appelé à prononcer librement sur ses destinées ; on sentait qu'on ne serait plus escamoté par des comités d'intrigants, et que la France allait se soustraire à la domination égoïste des partis.

Il eût été insensé d'espérer que les vieux partis politiques et le socialisme se laisseraient désarmer sans combattre.

Dès dix heures du matin, le gouvernement était informé, d'un côté, que les membres de la coalition parlementaire cherchaient à se réunir ; de l'autre, que les chefs des sociétés secrètes se mettaient en permanence.

Le plus déplorable aveuglement donnait ainsi pour auxiliaires au terrorisme et au socialisme, qui? des légitimistes, des orléanistes, des républicains modérés ; et le Président avait à défendre à la fois la société, contre les faubourgs, qu'on tentait d'insurger, et contre les grands propriétaires, d'anciens ministres, des hommes considérables, qui mettaient l'élu de six millions d'hommes hors la loi.

Heureusement il y a des folies qui cessent d'être dangereuses par leur immensité même; et le gouvernement ne redoutait ni les socialistes, qu'il savait condamnés par tous les ouvriers intelligents et honnêtes, ni les parlementaires, qu'il savait désunis, impuissants, sans doctrine et sans but commun.

D'ailleurs les soldats étaient là calmes, résolus, admirablement commandés, et les douze brigades réunies alors à Paris auraient eu raison d'ennemis dix fois plus nombreux et plus redoutables.

Les représentants arrêtés dans la journée s'élevaient à 217. Ils furent, à l'entrée de la nuit, transférés à la prison Mazas, au Mont-Valérien et à Vincennes.

M. le Président de la République monte à cheval à midi le 2, accompagné des maréchaux Jérôme Bonaparte et Exelmans, du ministre de la guerre, du général en chef, du général commandant les gardes nationales, du général comte de Flahaut, du général Daumas, directeur des affaires de l'Algérie; général Delarue, général de l'Étang, général Servatius, général Wast-Vimeux et d'une foule d'autres généraux, d'officiers et de représentants. — Il passe devant le front des troupes, suivi par une population immense qui l'accueille par les acclamations les plus vives et les plus enthousiastes. Les troupes ont une attitude admirable, et elles témoignent par des cris unanimes leur dévouement à la grande cause qu'elles sont chargées de défendre. — Le Président rentre à l'Élysée au milieu des acclamations de l'armée entière et de la foule.

L'armée est bien décidée! Elle accomplira sa tâche avec l'énergie la plus dévouée.

Le soir, à quatre heures, la division de réserve cavalerie du général Korte est passée en revue dans les Champs-Élysées par le prince, qui est accueilli par le plus vif enthousiasme.

Les troupes rentrent dans leurs casernes à la nuit, et la tranquillité de Paris n'est pas troublée. — La ville témoigne au contraire par sa physionomie qu'elle adhère complètement au grand acte du chef de l'État.

Journée du 2.

Le ministre de la guerre, informé que les représentants de la Montagne préparent un mouvement insurrectionnel combiné avec les efforts des sections socialistes de Paris pour la journée du 3, a donné la veille, dans cette prévision, des ordres pour que l'armée soit approvisionnée et prête, en cas de combat, à résister avec tous les avantages possibles. Pour ne pas fatiguer inutilement leurs soldats, les généraux ne doivent prendre leur position de combat que lorsque l'insurrection sera dessinée.

Quelques barricades construites dans le faubourg Saint-Antoine, rues de Cotte et de Sainte-Marguerite, ainsi que rue Aumaire et rue du Lion-Saint-Sauveur, sont enlevées dans la matinée par un bataillon du 44e de ligne, un bataillon du 19e léger et par des détachements. Des coups de feu très nombreux ont été tirés sur la troupe par les émeutiers; le sang coule, la lutte commence. Les insurgés se sont réunis d'abord au faubourg Saint-Antoine, où ils ont engagé le feu les premiers avec quelques détachements de la brigade Marulaz. Repoussés dans leurs tentatives, ils sont allés agiter le quartier Saint-Martin. Traqués sur ce point par le général Herbillon et par le colonel Chapuis, ils se sont dirigés sur la rive gauche de la Seine pour remuer les faubourgs Saint-Jacques et Saint-Marcel. Des sommes d'argent sont distribuées, l'émeute s'organise.

Le représentant Baudin est tué par les soldats de la brigade Marulaz sur la barricade du faubourg Saint-Antoine, et le représentant Madier de Montjau y est blessé.

On saisit des placards et des affiches lithographiées qui font un appel à la guerre civile et qui portent les signatures de Michel (de Bourges), Schœlcher, Leydet, Mathieu (de la Drôme), Jules Favre, E. Arago, Madier de Montjau, Eugène Sue, Esquiros, de Flotte, Chauffour, Brives, etc.

La matinée du 4 décembre se passe en préparatifs de la part des insurgés. Des groupes nombreux et hostiles se forment sur les boulevards. Vers midi, de fortes barricades s'élèvent à la Porte-Saint-Denis et dans les rues Saint-Martin, Saint-Denis, du Petit-Carreau, Rambuteau, Faubourg-Saint-Martin et le long du canal. Une lutte terrible paraît imminente.

Les émeutiers, qui ne sont pas soutenus par les faubourgs, sentent que le jour de la grande bataille est arrivé pour eux, et ils font tous leurs efforts et toutes les tentatives possibles pour entraîner la population avec eux.

Le combat était terminé à six heures du soir le 4 décembre. Les anarchistes terrifiés fuyaient dans toutes les directions et sortaient de Paris, transformé momentanément en un vaste camp. — Pendant la nuit, des patrouilles d'infanterie et de cavalerie ont achevé de fouiller tous les quartiers où les troupes n'étaient pas établies; elles n'ont pas rencontré de résistance.

Il est bien douloureux d'avoir à dire que, malgré les proclamations du ministre de la guerre au sujet des attroupements, quelques curieux inoffensifs ont été victimes de leur présence sur les boulevards. Là, comme en février 1848, les émeutiers ont cherché avec une perfidie atroce, en tirant des coups de fusil auprès des groupes, à faire tomber des habitants des quartiers riches sous les coups de la troupe, afin d'entraîner malgré elle la population par esprit de vengeance; mais les victimes sont heureusement très peu nombreuses.

Des essais de barricades avaient été tentés pendant la nuit dans les quartiers qui n'avaient pas été visités par les troupes. Ainsi on signalait encore le 5 au matin quelques barricades rue Rochechouart et dans le quartier de la Croix-Rouge.

Paris a repris le 6 sa physionomie habituelle. La circulation un instant interrompue est rétablie, les boutiques se rouvrent, les voitures circulent, les affaires renaissent, les habitants respirent et se félicitent d'avoir échappé au danger qui les menaçait.

Les troupes rentrent dans leurs casernes. On se borne à

occuper les points les plus importants, en plaçant des postes dans des maisons sur les boulevards et aux angles des rues Rambuteau, Saint-Martin, Saint-Denis, Beaubourg, etc.

La confiance est entièrement rétablie. L'anéantissement des anarchistes, les nouvelles excellentes des provinces, l'élan, l'énergie et l'union de nos troupes et de leurs officiers, les sympathies unanimes acquises au chef de l'État, tout cela forme un faisceau de forces qui donne une foi assurée dans l'avenir. Les mauvais jours sont passés. On se félicite partout dans Paris. Les fonds publics montent de 4 francs dans la journée!

Deux grands résultats venaient d'être obtenus par l'armée de Paris.

Le socialisme, déposté des barricades, fusillé, dispersé, désarmé, voyait ses débris livrés aux recherches actives et infatigables de la police, dont l'œuvre calme, opiniâtre et courageuse paraîtra bientôt au grand jour des conseils de guerre ; et les complices de l'émeute, si acharnés qu'ils se fussent montrés, n'avaient pu arrêter un instant les troupes, même à l'aide de la coupable et honteuse diversion qu'avaient tenté de faire, à son profit, quelques esprits frondeurs, égarés et aveuglés, du *boulevard de Gand*.

Les ouvriers de Paris, dont le Président prenait deux fois en main la cause, et en rapportant la loi du 31 mai, qui les rétablissait dans leur droit de suffrage et en maintenant l'ordre, qui leur assurait du travail, les ouvriers de Paris étaient restés étrangers à la lutte, n'ayant, ne pouvant rien avoir de commun, ni avec des importants sans influence, ni avec des sociétés secrètes sans moralité.

On était donc moralement sûr, le 6 décembre au soir, que la lutte sérieuse était finie à Paris ; car, l'immense majorité des bourgeois et la presque totalité des ouvriers ne prenant point part au combat, l'armée n'avait plus d'adversaires.

On peut déjà chiffrer le résultat matériel de l'acte du 2 décembre.

Le 1er décembre, la rente 5 pour cent était à 91 fr. 60.

Le 16 décembre, elle était à 100 fr. 90.

C'est donc une hausse de près de 10 francs, c'est-à-dire une augmentation d'un dixième de la fortune publique et privée.

TROISIEME PARTIE.

Sociétés secrètes. — Jacquerie.

Après soixante ans de révolution, la France ressentait tous les symptômes d'une désorganisation sociale. Au-dessous de la société politique officielle, évidente, connue, composée de tous les bons patriotes et de tous les honnêtes gens, s'agitait une société occulte, ténébreuse, menaçante, composée de tous les ambitieux et de tous les hypocrites, de tous les charlatans et de tous les imbéciles, de tous les fous que produit une excessive civilisation, et de tous les brigands qu'engendre une corruption extrême.

Cette vaste association n'était elle-même que l'agglomération d'un nombre infini de sociétés plus petites, qui professaient en paroles des théories très diverses et le plus souvent très opposées, mais qui, en fait, répondaient à un même mot d'ordre : *Destruction de l'ordre social*, et se groupaient autour d'un même drapeau, dont la devise était, comme aux journées de juin 1848 : *Pillage, incendie.* En y ajoutant : *Viol et meurtre*, on connaîtra toute la pensée de l'insurrection qui s'apprêtait.

Pour être complètement impartiaux et véridiques, nous devons ajouter que les passions sanguinaires ne marchaient qu'en seconde ligne dans ce pandœmonium : les plus violentes, les plus persistantes, celles qui allaient lancer sur la Société tout entière ce troupeau de loups affamés, c'était la plus bas de tous les sentiments qui puissent dégrader l'âme humaine : *la cupidité*.

Il s'agissait bien, en effet, pour ces soldats de la démagogie armée, de faire prévaloir telle ou telle forme politique, de proclamer telle ou telle maxime abstraite, de résoudre tel ou tel problème de l'esthétique gouvernementale ! Des rhéteurs seuls, et quels réteurs ! pouvaient se laisser prendre à une si grossière illusion. Non, la seule chose qu'ils voulussent, la seule chose qu'ils comprissent, c'était tout brutalement et tout simplement la destruction de la propriété et sa division infinitésimale entre tous les légionnaires de ces cohortes abruties.

Que les chefs fussent assez fous, assez vains et assez sots pour se contenter des honneurs et des places (en supposant qu'il subsistât après leur triomphe quelque trace d'organisation), les soldats envisageaient le jour de la bataille à un point de vue beaucoup plus positif. Emplir sa poche avec les écus des aristocrates et des bourgeois, se gorger du vin des bourgeois et des aristocrates ; s'accommoder, qui d'un meuble, qui d'un habit, qui d'un bijou, qui d'un cheval ; s'emparer des terres et les adjuger au plus offrant et dernier enchérisseur, c'est-à-dire apparemment à celui qui parviendrait à égorger les autres, telles étaient les maximes et les convictions politiques en vertu desquelles se gouvernait cet étrange parti, — nous allions dire cette bande.

L'Angleterre a eu sa guerre des Lollards ; l'Allemagne ses Anabaptistes et sa guerre des Paysans ; l'Italie a ses Brigands classiques, qui ne sont autre chose que les socialistes permanents ; enfin la France a eu ses Jacques, dont les démagogues de 1851 viennent de renouveler les exploits.

Ce furent, en effet, dans les troubles qu'amenèrent les guerres malheureuses des rois de France contre les Anglais qu'éclata pour la première fois cette terrible insurrection qu'on appela la Jacquerie. Le roi de France était prisonnier ; les grands barons étaient tués ou défaits ; la fleur de la noblesse gisait sur les champs de bataille de Crécy et de Poitiers. Il ne restait plus pour défendre la société monarchique et féodale que des veuves et des orphelins, des femmes et des enfants. Voilà le moment que choisirent les *partageux* du moyen âge pour faire main-basse sur la propriété.

Voilà précisément la guerre que les socialites, ces Jacques du XIXe siècle, voulaient recommencer contre la civilisation, à l'imitation des Jacques, ces socialistes du XIVe siècle. Seulement, les démagogues de 1851 ne peuvent même pas invoquer le peu de circonstances atténuantes qui militent en faveur des pauvres serfs d'autrefois ; les inégalités sociales ont disparu. Restent les inégalités naturelles qu'il n'est donné à personne d'effacer de ce monde, et contre lesquelles les communistes se sont révoltés vainement.

Toutes ces fureurs, toutes ces haines, toutes ces cupidités, toutes ces bassesses s'étaient ajournées au mois de mai 1852. Cette époque venue, la guerre eût éclaté simultanément sur tous les points du territoire ; l'incendie eût allumé toutes les maisons, et livré aux démagogues la fortune et la vie de tous les honnêtes gens. Le gouvernement, attaqué avec furie dans les grands centres de population, à Paris, à Lyon, à Marseille, à Bordeaux, à Rouen, à Lille, à Strasbourg, et forcé, par conséquent, de concentrer ses troupes, eût nécessairement dégarni tous les points secondaires, dont l'insurrection s'emparait sans coup férir. Dans quel torrent de sang et de souillures se fût étouffée d'elle-même cette épouvantable conflagration, c'est ce qu'on ne peut calculer sans frémir.

La Providence n'a pas permis que les lois divines et humaines subissent une pareille atteinte. Elle a suscité le bras du prince Louis-Napoléon ; et la France délivrée a jeté un cri d'allégresse. Mais le monstre du socialisme n'a pas été écrasé sans combats.

Nous ne pouvons mieux faire, pour expliquer l'action persévérante et redoutable des sociétés secrètes, que d'emprunter à un éminent écrivain, M. Cucheval-Clarigny, les documents instructifs qu'il a publiés dans un des organes les plus importants de la presse. On ne saurait donner trop de publicité à de pareilles conceptions de la perversité humaine. Nous leur donnons surtout la nôtre, afin de prémunir les malheureux ouvriers et les honnêtes habitants de la campagne contre les piéges infâmes que les meneurs socialistes tendaient à leur crédulité.

On faisait appel à leurs sentiments généreux, et en réalité on les poussait, à leur insu, à l'assassinat et au pillage.

Que les derniers événements les éclairent donc, et leur apprennent qu'ils n'ont à attendre du socialisme que le déshonneur et le crime.

La réorganisation et la multiplication des sociétés secrètes datent de la présentation à l'Assemblée constituante, en avril 1849, du projet de loi qui a interdit les clubs. On voulut continuer dans les ténèbres l'œuvre qu'on ne pouvait plus poursuivre au grand jour. Il existait à ce moment, à Paris, depuis le mois de janvier 1849, une association intitulée la *Solidarité républicaine*, fondée expressément en vue de la propagande démocratique. Cette association, qui était présidée par le représentant Martin Bernard, qui avait ses bureaux rue Coquillière, 15, et rue des Bons-Enfants, 1, et qui avait pour organe un journal à elle, devait avoir des succursales dans toutes les villes de France.

Elle devint naturellement et immédiatement le centre d'un vaste réseau d'associations qui enveloppait le territoire entier. Elle eut en très peu de temps des ramifications à Marseille, à Tarascon, à Orange, à Nîmes, à Châlons-sur-Saône, à Issoudun, à Blois, à Tours, à Loudun, à Poitiers, à Niort, à Rochefort, à Bordeaux, au Havre, à Saint-Quentin, etc. . .

. . . .

Il n'est pas de ville en France qui n'ait compté une ou deux de ces affiliations, et le nombre total dépasserait plusieurs milliers.

Les affiliations socialistes recherchaient, d'ailleurs, les dénominations les moins alarmantes. Beaucoup d'entre elles se sont dissimulées sous le nom de cercles littéraires, ou même de réunions musicales; par exemple: Association de l'Orphéon, ou association des ouvriers chanteurs. Un grand nombre, en outre, n'étaient désignées que par le nom du café ou de l'établissement public où elles se réunissaient. D'autres enfin se cachaient sous le nom de loges maçoniques. Il en est une qui avait pris pour titre *la Robe du Christ.*

La *Solidarité républicaine* fut la dernière tentative faite pour embrasser la France entière dans une seule affiliation. Depuis la ruine de cette société, il y a toujours eu pour centres d'action, en correspondance entre eux, mais distincts, Paris et Lyon. Quant à l'Algérie, elle relevait plutôt de Lyon que de Paris. Expliquons successivement ces trois organisations, puis nous ferons connaître leurs points de contact.

A la fin de 1849, les chefs de clubs constituèrent dans chacun des quatorze arrondissements de la Seine un comité, dont les délégués, réunis en comité supérieur, constituèrent le *gouvernement révolutionnaire du socialisme.* Ce comité directeur fut en rapport, d'une part, avec Lyon et les autres grandes villes de l'intérieur; de l'autre, avec Londres et la Suisse, et tous les foyers de conspiration extérieure.

C'est à Paris que s'établirent successivement, comme autant de centres d'action, le *Comité des Réfugiés*, la société secrète l'*Union des Communes* et le *Comité central de Résistance*, dirigé par deux représentants de la Montagne, dans le sens des idées communistes, et dont les bulletins révolutionnaires, imprimés clandestinement avec des têtes de clous, ont donné lieu à des poursuites judiciaires. Les affiliations du Nord et de l'Est, et celles beaucoup plus nombreuses et beaucoup plus puissantes du Centre, relèvent directement de Paris.

Dans l'organisation parisienne, il convient de distinguer les sociétés en correspondance quotidienne avec Paris, et celles qui se groupaient autour des centres secondaires suivants: Lille, Reims, Rouen, Nancy, Colmar et Nevers. A la première catégorie appartiennent les sociétés secrètes de

Meaux, Provins, Auxerre, Avallon, Joigny, Bléneau, Saint-Fargeau et Saint-Sauveur. Ces sociétés, organisées sur le même plan que le carbonarisme, étaient divisées en sections de onze membres. Depuis le mois d'octobre dernier, elles déployaient une activité extrême et vraiment alarmante. Montargis et toutes les sociétés du Loiret recevaient aussi directement le mot d'ordre de Paris.

A la fin de 1849, il n'y avait pas moins de soixante sociétés politiques à Lille; il y en avait également un nombre considérable à Tourcoing et à Roubaix, et quelques-unes à Douai; elles étaient en correspondance avec Saint-Quentin et Vervins.

. . . .

Reims était le centre d'un groupe bien plus important que celui de Lille. Les sociétés de Reims étaient établies, en 1850, sur un pied formidable, qui a nécessité toute la vigilance et tous les efforts de l'autorité. Elles correspondaient avec Charleville, Vouziers et Sedan.

Celles de la Seine-Inférieure ont fait preuve d'une vitalité plus grande, ainsi que l'attestent les nombreuses saisies de papiers, de poudre et d'armes de guerre opérées dans le courant de 1851. Ces sociétés étaient subdivisées en décuries, sous la direction de délégués qui se réunissaient pour recevoir le mot d'ordre de Paris.

. . . .

Les mêmes essais onts été fait dans la Lorraine, où Nancy correspondait avec Toul, Lunéville, Pont-à-Mousson, Épinal et avec les affiliations ouvrières de Dieuze, Vic et Bar-le-Duc. Mais c'est en Alsace que les campagnes avaient été attaquées avec le plus de succès; Colmar et Mulhouse y étaient les foyers d'une propagande active et malheureusement efficace.

Tours, malgré les relations de ces sociétés secrètes avec Blois et Nantes, ne paraît pas avoir acquis une importance sérieuse comme centre d'action. Il n'en est pas ainsi de Nevers, où nous trouvons la Nouvelle-Montagne qui, dans ces derniers temps, étendait ses ramifications jusque dans l'Yonne et pénétrait concurremment avec le carbonarisme dans l'arrondissement de Joigny. De Nevers relevaient naturellement Donzy, Saint-Amand, La Charité, Sancerre, Sancoins, Dieuleroi, Henrichemont, Nérondes, La Guerche, Baugy, Sancergues. Pour montrer la puissance et l'organisation des sociétés de la Nièvre, il suffit de rappeler l'insurrection du val de la Loire, qui gagna si rapidement les deux départements du Cher et de la Nièvre. Nevers correspondait à la fois avec Paris et avec Lyon, et était comme le lien des deux principaux foyers du socialisme.

La Basse-Bourgogne flottait entre Lyon et Paris, mais la Haute-Saône, le Jura, l'Ain, la Loire, la Haute-Loire et toute la rive orientale du Rhône étaient sous la direction immédiate de Lyon, et ne recevaient que par l'intermédiaire des comités lyonnais le mot d'ordre de Paris. L'organisation lyonnaise, moins vaste peut-être, était plus forte que l'organisation parisienne. Les rapports étaient plus fréquents, la correspondance plus active, et l'unité d'action mieux établie.

A Lyon, on rencontre d'abord les débris de quatre organisations politiques antérieures à la révolution de février, et qui ont persisté jusqu'à ce jour. Ce sont, en les énumérant par ordre de date :

1° Les *Mutuellistes*, établis après 1830 et qui ont un moment compté de 25 à 30,000 affiliés dans les départements du Rhône, de l'Ain et de l'Isère ;

2° La *Société des Droits de l'homme*, organisée dans les mêmes localités, date de 1830 à 1831 et réunissait 6,000 affiliés dans le Rhône, l'Ain, l'Isère et le Jura ;

3° Les *Carbonari*, introduits à Lyon en 1834 et qui sont au nombre de plusieurs milliers dans l'agglomération lyonnaise, dans l'Isère et dans la Loire ;

4° Les *Voraces*, fondés en 1846, recrutés des éléments les plus impurs et au nombre de plus de 8,000 dans le Rhône, dans l'Isère et dans l'Ain.

A côté de ces sociétés secrètes et exclusivement politiques, il convient de placer le tableau des associations lyonnaises qui se disent purement industrielles. La plupart de ces associations en effet ont un but politique et relèvent d'un comité directeur, dit de l'*Organisation du Travail,* et présidé par un représentant socialiste. On trouve à Lyon, outre 114 sociétés de bienfaisance et la société des *Travailleurs-Unis,* les associations suivantes :

Association fraternelle de l'Industrie française.
— démocratique des Industries réunies.
— fraternelle des Ouvriers menuisiers de Lyon.
— générale des Tailleurs de pierre du Rhône.
— des Unis, des Façonnés, des Velours.

Passons maintenant aux ramifications de l'organisation lyonnaise. Dans le quartier Saint-Paul, un des plus pauvres de Lyon, s'est établie récemment l'*Association fraternelle des Travailleurs unis de l'Ouest,* en rapport avec les sociétés de Saône-et-Loire, de la Haute-Saône, du Doubs et du Jura. Les carbonari de Lyon, outre leurs ramifications dans l'Isère, la Drôme et le Jura, étaient en relations régulières avec les ventes de la Suisse, de la Savoie et du Piémont. A Laon même, et sur le modèle de la fameuse *Société des Saisons,* s'est organisée la société de *la Propagande,* qui a pour but de répandre les écrits socialistes parmi les ouvriers de cette partie de la France.

Le comité directeur de Lyon était également en rapport avec la société de *la Nouvelle-Montagne,* qui avait pour objet spécial de relier entre elles les sociétés secrètes établies dans les ressorts de Nîmes, Aix et Grenoble. Voiron, dans l'Isère, et Romans, dans la Drôme, étaient les chefs-lieux et les centres d'action de *la Nouvelle-Montagne.* Ces deux points étaient en rapports suivis avec Die, Montélimart, Crest et Nyons. Dans le département de Vaucluse, Orange et Avignon formaient deux nouveaux centres en correspondance avec Digne et Sisteron d'une part, et de l'autre avec Nîmes, Montpellier, Béziers et Toulouse. Toutes ces sociétés se divisaient en décuries et centuries et avaient des cadres militaires. On doit citer aussi comme se rattachant à l'organisation lyonnaise l'association des *Hommes libres* établie dans l'Ain et tenant à la fois, par sa constitution, du carbonarisme et de *la Nouvelle-Montagne.*

En Algérie, c'était la charbonnerie qui dominait. Les associations y avaient pour mots de passe : « *Droit au travail.* — *L'heure est sonnée.* » A la fin de 1850, il y avait à Alger trois sociétés secrètes. A Oran, la société des *Enfants de Carthage* était divisée en ventes de dix individus chacune. Dix ventes formaient un décastère. Les décastères étaient sous la direction des ventes suprêmes, relevant elles-mêmes d'un comité directeur établi en France. Chaque sociétaire était astreint à un uniforme composé d'une blouse avec un capuchon, à la possession d'armes et au paiement d'une cotisation mensuelle.

Voilà un faible aperçu de l'extension qu'avaient prises les sociétés secrètes dans les deux dernières années. Pour que cet exposé fût complet, il faudrait en quelque sorte prendre une à une toutes les villes de France.

. . . .

Il est temps maintenant de donner quelques détails sur l'organisation et la discipline des sociétés secrètes. Les sociétés du Nord, de l'Ouest et du Centre étaient sous la direction immédiate du comité de Paris. Les sociétés du Midi étaient sans doute en correspondance avec les représentants montagnards des départements où elles étaient établies ; mais elles ne paraissaient pas avoir eu de liaison directe avec Paris. C'est avec le comité central de Lyon qu'elles étaient en rapport journalier, et c'est par son intermédiaire qu'elles recevaient communication du mot d'ordre transmis par le comité de la capitale.

Les sociétés correspondaient d'ordinaire entre elles au moyen d'affiliés qui allaient porter d'un lieu à un autre les instructions des chefs. Ces commis voyageurs de la démagogie étaient souvent de prétendus ouvriers qui avaient encontre un autre demande : « *L'heure?* » L'autre répond : « *Sonnée!* » Le premier reprend : « *Nouvelle!* » On doit lui répondre : « *Montagne!* »

Une société secrète de la Drôme avait, il y a deux ans, pour mot de passe : « *Attention! courage! Drôme!* » Depuis l'avortement du complot de Lyon, ce mot de passe a été, à ce qu'il paraît, changé et remplacé par le mot de *Marianne*. Dans les sociétés secrètes établies à Montpellier et dans les localités voisines, le signe de reconnaissance était : — « D. Connaissez-vous *la mère Marianne?* — R. Oui ; elle a du bon vin. »

Ce mot de *Marianne*, et l'expression de *boire à la santé de Marianne*, se sont également trouvés tout récemment dans des papiers importants saisis dans la Seine-Inférieure. On a tout lieu de croire que ce mot de *Marianne*, trouvé simultanément aux points les plus éloignés du territoire, au Nord, au Midi et dans l'Ouest, et qui était évidemment le signe de ralliement de toutes les sociétés secrètes disséminées en France, était la traduction mystique des mots *République démocratique et sociale*. C'était le mot de passe de l'insurrection générale organisée pour 1852.

Mais les sociétés secrètes n'avaient pas seulement des rapports organisés entre elles dans l'intérieur du pays ; elles correspondaient encore avec les comités de Londres et les réfugiés politiques réunis en Suisse.

La connivence des réfugiés de Suisse avec les meneurs du complot de Lyon a été manifestement établie.

Dans ces derniers temps, les émigrés de Suisse étaient organisés militairement et prêts à entrer en France au premier signal.

Il ne sera pas hors de propos de rappeler ici les faits principaux établis par les recherches de la justice militaire dans cette affaire si grave. De nombreuses poursuites ont donné la certitude au gouvernement qu'une insurrection avait été préparée aussitôt la présentation de la loi du 31 mai ; la nouvelle du vote de la loi devait être le signal de la prise d'armes. La vigilance du pouvoir rendit tout mouvement impossible.

Les préparatifs faits par la démagogie n'ayant pas été mis en usage, Gent conçut le projet de les utiliser au profit d'une conspiration dont lui-même serait le chef. Organisation insurrectionnelle des quinze départements formant le sud-est de la France, dispositions concertées pour que l'insurrection se communiquât rapidement dans l'est, vers Besançon, Dijon et Colmar, et dans le sud-ouest vers Cahors, Toulouse et Bordeaux ; intelligences pratiquées avec les réfugiés établis en Suisse ; approvisionnements de poudre dans les départements de Saône-et-Loire, de l'Ardèche, du Gard, dans la Camargue, à Marseille, à Toulon ; embauchages opérés dans la troupe ; congrès général de délégués réunis à Valence, pour nommer un commandant général ; autre congrès à Mâcon, pour se mettre d'accord avec une partie des représentants de la Montagne ; tels ont été les faits établis par la justice militaire à la charge de Gent et de ses complices, et qui ont motivé leur condamnation, le 23 août 1851.

Les désordres qui viennent d'éclater simultanément sur grand nombre de points prouvent manifestement que l'organisation des sociétés secrètes a survécu à tous les coups qui lui ont été portés, en même temps que le caractère odieux des attentats commis suffit à faire juger des intentions abominables nourries par les conspirateurs. Il n'est pas hors de propos de faire remarquer que l'insurrection socialiste a éclaté avec le plus d'intensité précisément sur les points qui étaient signalés comme étant le plus travaillés par les sociétés secrètes, dans la Nièvre, dans le Jura, dans le Bas-Dauphiné, la Provence et le Languedoc.

. . . .

C'est pour avril 1852 qu'on s'organisait : on se flattait de devancer le pouvoir, on a été surpris par lui. Qu'il nous suffise de rappeler les termes d'une lettre émanée d'un des chefs de la Montagne, et qui a été publiée récemment dans une instruction judiciaire.

« C'est en 1852 seulement que la lutte doit s'ouvrir. On devait alors voter la Constitution à la main, s'organiser pour cela, non pas pour forcer les portes du collége et se retirer ensuite paisiblement chez soi, mais marcher en corps sur le chef-lieu du département et y proclamer de nouveau la révolution triomphant, de ses ennemis. »

Du reste, le complot ne paraissait pas devoir se borner à la France. Le Comité central européen, qui, de Londres dirige l'exécution de ces projets insurrectionnels dans toute l'Europe, a adressé à ses émissaires des circulaires nombreuses que la presse a reproduites.

Bornons-nous à rappeler celle du 1er août 1851. Elle contient la résolution prise par le comité central, et portant que *la révolution devra éclater prochainement*. Il est enjoint aux membres de l'association d'envoyer sans délai des listes, des dépôts d'armes et des caisses publiques en Allemagne et en France, de former des tribunaux révolutionnaires, de choisir les hommes qui devront les diriger, et d'établir, d'un autre côté, des listes d'ennemis du peuple, qui, aussitôt après la révolution éclatée, devront être mis à mort.

Le 15 du même mois d'août 1851, le *Comité allemand d'agitation* publiait à Londres son manifeste, et les rapports du *Comité allemand* avec le *Comité central européen* étaient rendus évidents pour tous.

Enfin le *Comité italien*, toujours à Londres, ayant voulu contracter un emprunt de 10 millions, le *Comité central européen* donnait, le 27 novembre 1850, son approbation spéciale à cet emprunt, par une délibération signée Albert Darasz, Arnold Ruge, Ledru-Rollin, Joseph Mazzini.

RÉSUMÉ.

En définitive, les résultats qui nous semblent bien et

dûment acquis, en ce qui concerne les sociétés secrètes, peuvent se résumer ainsi :

1° Une très grande partie de la France, presque la totalité du pays, était couverte, comme d'un réseau, d'un nombre immense des sociétés secrètes, les unes se cachant dans l'ombre, les autres usurpant le masque de sociétés de bienfaisance.

2° Ces sociétés étaient affiliées entre elles, ou mises en rapport par des agents secrets, par des commis voyageurs traversant le pays en tous sens pour porter des instructions, rapporter des renseignements, maintenir partout l'unité de vues et entretenir une perpétuelle agitation. Les affiliations étaient établies par les signes et moyens de reconnaissance, par les sceaux, par les serments et formules d'initiation, par les mots d'ordre uniformes.

3° Les sociétés secrètes établies en France étaient soumises à la direction de comités centraux établis à Paris, Lyon et Londres, et étaient en rapport avec les réfugiés politiques établis en Suisse.

4° La démocratie militante étaient enrégimentée dans les sections des sociétés secrètes, et pourvue d'armes et de munitions de guerre pour assurer le succès de ses projets.

La Jacquerie dans les Départements.

Depuis la révolution de février, la démagogie avait établi son foyer principal et son centre d'opérations dans le département des Basses-Alpes. Sa situation topographique, son voisinage avec le Piémont, séjour d'une quantité considérable de réfugiés de tous les pays, avec lesquels s'échangeait chaque jour une correspondance très active et très suivie, ses montagnes inaccessibles et ses labyrinthes seulement connus des habitants du pays, son éloignement de Paris et des capitales importantes de la Provence, devaient le désigner tout naturellement aux anarchistes, aux ennemis de leur pays, pour y établir le point central d'où devaient rayonner sur toute la Provence leurs menées anarchiques.

A l'approche des troupes qui étaient envoyées de différents points pour délivrer Digne, la terreur s'empara des insurgés qui occupaient cette ville.

Les chefs ne savaient que résoudre, tout le monde voulait faire prévaloir son avis ; ce fut une confusion, une panique générale.

Enfin, il fut décidé qu'on marcherait au devant des troupes, et qu'on s'opposerait à leur passage.

5,000 insurgés environ, bien armés et ayant du canon, sortirent de la ville de Digne et vinrent se poster *aux Mées*, sur la Durance, près la commune d'Oracian. Protégés par l'escarpement des montagnes peu élevées et servant d'entrée à une gorge très profonde, le point qu'avaient choisi les insurgés pour attendre nos soldats, en faisait une position très forte.

Cependant une colonne de 500 hommes environ du 14e léger, envoyée de Marseille le 7, par le général commandant la 7e division et commandée par le lieutenant-colonel Parson, se présente.

Ce brave officier, plein de vigueur et de discernement, a bientôt jugé qu'il ne peut emporter le passage de vive force. Il cherche à le tourner, et une fusillade des mieux nourries s'engage entre nos troupes et les insurgés.

Après deux heures de combat, le bataillon se retire sur Venon-sur-le-Verdun, lisière du Var, n'ayant perdu que quelques hommes, et après avoir tué beaucoup de monde à l'ennemi.

Dans cette insurrection, on estime que dans un rayon assez étroit du département se trouvaient vingt mille insurgés à peu près en armes, recrutés dans chaque commune, qui toutes ont fourni leurs contingents.

Ainsi, dès le 11 décembre, cette insurrection, formidable au premier abord, était anéantie. Tous les points de Forcalquier, de Manosque, d'Apt étaient parcourus et pacifiés ;

Sisteron était dégagé : Digne, chef-lieu du département, point le plus éloigné de tout secours, puisqu'il est à trente-sept lieues d'Avignon, à trente-neuf lieues de Marseille, villes de garnison, était évacué par les insurgés ; le Var réduit ; enfin, dans les Basses-Alpes, il ne restait plus que des débris de bandes.

Et veut-on savoir avec quel effectif de troupes tous ces résultats ont été obtenus ? Avec 2,500 hommes au plus et quelques pièces de canon.

Dans le département du Cher, à Saint-Amand, dans la journée du 4, des groupes armés se sont formés ; l'un d'eux a cerné et maltraité le sous-préfet et le commissaire de police ; ce dernier, saisi, frappé, terrassé, a tué d'un coup de pistolet l'homme qui menaçait sa vie.

Le sous-préfet, les autorités, la gendarmerie, les grenadiers du 41e, la compagnie entière d'artillerie de la garde nationale, les pompiers et de nombreux volontaires ont été promptement sur pied, et leur énergie a suffi pour rétablir l'ordre dans la ville.

Des troubles assez grands ont jeté pendant quelques heures la perturbation dans le département de l'Aveyron.

La nuit du 4 au 5 avait été assez agitée à Rodez. Le matin on sut qu'une bande d'hommes armés étaient partis de Villefranche et se dirigeaient sur Rhodez ; ils arrivèrent en effet vers le milieu du jour, nommèrent une commission démagogique et envoyèrent des délégués sommer le général commandant le département de reconnaître cette commission comme autorité départementale. Ces délégués furent arrêtés.

Au milieu des sentiments douloureux et indignés qu'inspirent ces tentatives de guerre civile, on est heureux de dire que l'immense majorité de la population s'est montrée animée d'un grand dévoûment pour la cause de l'ordre, et que tous, ouvriers et bourgeois, ont énergiquement flétri les menées des révolutionnaires.

Dans le département de la Côte-d'Or, Dijon possédait

quelques sections démagogiques. Pour assurer la tranquillité de la ville, l'autorité, à la nouvelle des événements de Paris, jugea nécessaire de faire saisir les principaux meneurs.

Les sociétés secrètes étaient, de longue date, nombreuses et actives dans le département de la Drôme.

A l'arrivée de Paris de la dépêche télégraphique du pouvoir exécutif, portant la date du 2 décembre, à huit heures du matin, l'émoi fut grand; mais les mesures promptes et intelligentes concertées entre M. le sous-préfet Laurette et le major Carmier, du 1er de ligne, commandant l'état de siége, assuraient la tranquillité.

Ces précautions contre le désordre, rendues plus puissantes par l'adhésion de tous et le déploiement d'une force respectable partout où elle était nécessaire, prévinrent toute démonstration. Des armes induement retenues à Pierrelatte après le désarmement ordonné des gardes nationales, et qui se trouvaient entre des mains équivoques ou mauvaises, furent réunies par ordre de l'autorité supérieure et transportées au chef-lieu de l'arrondissement dans la journée du 5.

Des événements importants et de haut intérêt se passaient à Loriol. Les bandes dispersées dans la même nuit à Crest, devant la barricade du pont, après s'être de nouveau recrutées à Grane, premier point de départ, puis à Cliousclat et à Mirmande, communes du canton de Loriol, et avoir reconnu pour chefs les contumaces fugitifs de ces mêmes communes, débouchèrent de leurs bois et interceptèrent aussitôt la route nationale entre Saulce et Derbières, et la circulation des dépêches fut interdite. Ils envahirent le village de Saulce, dépendant de Mirmande, qui se trouvait alors sans autorité, ce qui força la brigade du stationnaire Jourdan à se replier sur Loriol.

Ils marchèrent vers cette dernière localité dans la nuit d'après. Le premier acte fut de s'introduire par escalade dans le poste télégraphique et d'y mettre le feu ; mais celui-ci s'éteignit faute d'aliments. Ils épargnèrent les machines et se bornèrent à emporter deux lunettes sur trois. Peu satisfaits de leur ouvrage, incomplet à leur point de vue, puisque les communications avaient été rétablies, et avant de quitter Loriol, le 9 à sept heures du matin, vingt-cinq insurgés, tous armés de fusils et de haches, se ruèrent sur le poste, forcèrent le factionnaire à leur en livrer les portes; puis, étant entrés, ils brisèrent complètement les mécanismes intérieurs à coups de hache.

Grâce aux mesures énergiques prises à temps par les autorités, les socialistes ont échoué dans la tentative qu'ils comptaient faire sur Montélimart.

La démocratie, à Toulouse, comme dans tout le Midi, tenait ses forces prêtes à répondre à un mouvement dont on ne prévoyait pas cependant la forme ni le but.

La dépêche télégraphique annonçant le coup d'État ne fut connue que le 2 décembre dans la soirée.

Un grand étonnement fut le premier mouvement des esprits. Cet étonnement se transforma le lendemain en émotion assez vive.

Les démagogues se réunirent dans les bureaux de leurs journaux et préparèrent une manifestation.

Une protestation conçue en termes très violents fut publiée en forme de supplément par *l'Émancipation* et par *la Civilisation*.

Des arrestations ont été faites dans les environs de Toulouse et particulièrement dans l'arrondissement de Muret.

Cette attitude énergique, dont tout l'honneur revient à M. Pietri, préfet de la Haute-Garonne, a maintenu dans le département le calme le plus profond, et amené, le 21, un vote favorable au président dans des proportions qu'on n'aurait osé espérer auparavant.

Le département du Gers s'est aussi profondément ressenti des excès de la démagogie. Beaucoup de communes de ce département ont été le théâtre de scènes sanglantes. La terreur et le pillage ont signalé partout la présence des anarchistes.

Mirande a eu une insurrection organisée dans des proportions effrayantes. Le 4 décembre, au premier son du tocsin, on vit accourir toutes les campagnes voisines armées jusqu'aux dents.

Le premier acte des insurgés a été de s'emparer des autorités de la ville, qui furent immédiatement mises en prison. Le sous-préfet a reçu une balle dans le cou. Les bandes révoltées se sont emparées des poudres déposées à la poudrière, et ont procédé au désarmement de tous les hommes d'ordre. Toute résistance était inutile, impossible même; les maisons les plus considérables étaient envahies par des gens armés, il fallait leur livrer ses armes, sous peine de malheur.

Dans l'Hérault, des désordres éclatèrent dans presque toutes les communes de l'arrondissement de Béziers.

A Marseillan, la population ouvrière s'empara de la mairie et des fusils qui s'y trouvaient. Elle délibéra un instant si elle ne marcherait pas sur Béziers; mais l'absence d'un chef qui pût la conduire la retint. Elle passa une partie de la nuit à tirer des coups de fusil en guise de réjouissance.

Florensac eut également son mouvement révolutionnaire. 150 individus environ s'emparèrent de la mairie, et, après avoir dissous la municipalité, en installèrent une provisoire et se constituèrent en permanence à la mairie.

La journée du 4 fut pour la ville de Béziers la plus sanglante dont elle ait été attristée depuis l'époque de la Terreur, de funeste mémoire.

Des scènes de désordre et d'horreur ont ensanglanté aussi la ville de Bédarieux.

On s'accorde à reconnaître que la ville de Bédarieux comptait un nombreux personnel affilié aux sociétés secrètes. Ce personnel composé de paysans et d'ouvriers employés à la fabrication des draps, pouvaient s'élever à chiffre de 5,000 environ. La dépêche télégraphique, annonçant les événements de Paris, ne fut connue dans cette ville que le 4 décembre. On vit aussitôt les ouvriers déserter les ateliers, se répandre dans les cafés et se porter aux avenues de la ville pour intercepter les communications et appeler les affiliés des campagnes.

Partout, jusque dans le Jura, à Poligny, le meurtre et le pillage se sont accomplis au nom du *peuple souverain*. Il a fallu d'aussi hideux exemples pour faire comprendre ce qu'il y aurait d'odieux dans son avénement; puissent ces exemples être un enseignement pour l'avenir, comme ils seront une honte pour le passé et pour les insensés qui les ont provoqués par leur prédications incendiaires!

Dans le département de Lot-et-Garonne, la nouvelle des décrets du 2 décembre ne fut pas plutôt parvenue à Marmande, qu'une espèce de gouvernement provisoire au petit pied avait été installé le 7 décembre.

Par arrêté du commandant militaire de Lot-et-Garonne, la garde nationale d'Agen avait été dissoute le 9 décembre, et son désarmement immédiat effectué sans opposition.

Les autres communes insurgées du département, épouvantées de la rapidité de la marche des troupes envoyées pour les soumettre et de l'énergie qu'elles déployaient, ne tardèrent pas à renoncer à leurs projets de révolte et à rentrer dans l'ordre.

Dans le département du Loiret, le 7 décembre, l'insurrection commençait à Bonny. Dans une tournée faite par les gendarmes Denizeau et Bonin, de ladite résidence, dans les communes de Thou et de Faurelles, le premier recevait un coup de feu qui le blessa mortellement; le second était désarmé ainsi que toute la brigade. Un gendarme avait été obligé de faire un détour dans les champs avant de gagner la grande route, pour donner avis à Briare des faits graves qui s'accomplissaient en ce moment à Bonny. Le tocsin sonnait à Ourson et à Auzouer-sur-Trézée.

Le lendemain 8 décembre, à sept heures du matin, l'autorité administrative et judiciaire, assistée de la force armée, opérait le désarmement des communes insurgées. Onze arrestations eurent lieu parmi les individus les plus compromis.

Le 9 décembre, à l'arrivée de M. le préfet, du procureur-général et du chef d'escadron commandant la gendarmerie du Loiret, la commune de Bonny, signalée particulièrement, était investie militairement à cinq heures et demie du matin, et l'on procédait au désarmement des habitants et à l'arrestation des individus fauteurs des désordres qui avaient eu lieu; en tout cinquante-neuf prisonniers étaient transférés à Gien.

Le 6 décembre, vers une heure de l'après-midi, une bande de deux cents individus, appartenant à la ville de Montargis, se porta sur la mairie. Arrivés à la hauteur de l'auberge de la Poule-Blanche, à vingt pas de la mairie, les nommés Souesme et Zanotte sommèrent les gendarmes qui occupaient ce poste, et qui montaient à cheval pour défendre la mairie, de se rendre. Sur leur refus, des coups de feu leur furent immédiatement tirés.

Le brigadier Lemeunier tomba mortellement atteint d'un coup de baïonnette par le nommé Souesme, et trois autres gendarmes furent grièvement blessés.

Dans le département de la Nièvre, les démagogues qui, un mois auparavant, avaient cherché à mettre en pratique les doctrines sauvages du communisme, crurent avoir trouvé dans les événements de décembre une occasion favorable pour mettre à exécution leurs coupables projets.

A Clamecy, dès que le coup d'État fut connu, les chefs du parti socialiste donnèrent le signal de l'insurrection. Les soldats des sociétés secrètes y répondirent.

Dans la nuit du 5 au 6 décembre, une bande de plusieurs centaines d'insurgés, armés de fusils, de faulx et de bâtons, pénètre dans la ville de Clamecy; la garde nationale, prise à l'improviste, cependant se réunit et, jointe à la brigade de gendarmerie, elle oppose une très vive résistance. Ses efforts ont été vains, elle a ete num riquement trop faible pour repousser les insurgés, qui sont devenus complètement maîtres de la ville et en ont barricadé les différentes issues. Pendant qu'un certain nombre d'insurgés sonnent le tocsin pour faire lever les campagnes, d'autres se portent à la sous-préfecture, qu'ils dévastent après l'avoir pillée.

Des barricades s'élèvent de tous côtés, sous les ordres de Guerbet, détenu, mis en liberté par les insurgés; la recette particulière est envahie; 3,000 francs pris par les pillards sont partagés entre eux.

Le directeur de l'école mutuelle est tué.

L'avocat Mulon est assassiné et reçoit dix coups de baïonnettes.

Un enfant de treize ans est massacré dans les bras de sa mère.

M. Vernet, curé d'Arthel, est accablé d'outrages et de tortures pendant trois heures. Les brigands le laissent meurtri de coups de bâton et après lui avoir enfoncé une pointe d'épée dans les reins.

Les démagogues de Neuvy, à l'instar de ceux de Clamecy, au mot d'ordre de leurs chefs, levèrent l'étendard de l'insurrection. A la nouvelle de ce soulèvement, le préfet de la Nièvre, retenu à Clamecy par les évènements qui s'y étaient accomplis, confia au secrétaire-général de la préfecture, M. Ponsard, la mission de comprimer le mouvement.

Dans le département du Var, c'est la commune de Vidauban qui avait été choisie par les insurgés pour lieu de rassemblement. Les démagogues de la Garde-Freinet, du Luc et de leurs affluents furent exacts au rendez-vous qui leur avait été donné, à la première nouvelle des décrets du 2 décembre, par leurs chefs, et leur premier acte fut l'envahissement de la commune des Arcs (3 décembre).

Les anarchistes de cette commune, travaillés depuis longtemps par les émissaires des communes voisines et par les agents des sociétés secrètes, qui avaient établi leur centre d'action et d'influence sous l'enseigne menteuse d'une société de bienfaisance, s'empressèrent de venir grossir les rangs de l'armée insurrectionnelle.

Dans le département de Vaucluse, le 8 décembre, les autorités d'Avignon furent averties que des bandes armées, descendues du Luberon, avaient traversé la ville d'Apt, et se dirigeaient par l'Isle sur Avignon. Aussitôt on procéda à la réorganisation de la garde nationale, qui avait été récemment désarmée. Malgré l'heure avancée où l'ordre pût être transmis, il se présenta dès le soir même environ 200 hommes sûrs, qui furent formés en compagnies et dirigés vers les principales portes de la ville.

Dans la journée, 200 hommes, infanterie et cavalerie, avaient été dirigés sur Apt. Ils se trouvaient à l'Isle ; les insurgés étaient à deux ou trois lieues plus loin, mais l'ordre ayant été donné à la colonne de se replier sur Avignon, les insurgés en furent instruits et entrèrent à l'Isle, où ils s'emparèrent de 65 fusils.

Principaux Décrets

A DATER DU 2 DÉCEMBRE 1851 JUSQU'AU 1er MAI 1852.

Le 4, décret portant modification au plébiscite du 2, relatif au mode de votation.

Le 7, décret qui prononce le licenciement de la 5e légion de la garde nationale, dont quelques citoyens avaient écrit sur leurs portes ARMES DONNÉES.

Le même jour, décret qui rend au culte religieux l'église Sainte-Geneviève.

Le même jour, décret portant que les services rendus par l'armée de l'intérieur seront récompensés comme ceux de l'armée du dehors.

Le 8, décret sur la transportation des repris de justice et des membres des sociétés secrètes.

Le 10, publication de la loi relative au chemin de fer de Lyon à Avignon.

Le même jour, construction d'un chemin de fer de ceinture, pour relier toutes les voies de fer existant à Paris.

Le 12, décret qui nomme maréchaux de France les généraux Vaillant et Harispe.

Le 13, décret qui constitue définitivement la Commission consultative, faisant fonction de conseil d'État et d'Assemblée législative.

Le 15, décret portant que des secours annuels et viagers seront distribués aux anciens militaires de la république et de l'empire.

Les 20 et 21, vote général pour la confirmation des pouvoirs du Président de la République pendant dix ans.

Le 22, suppression des bagnes, création d'un établissement pénitentiaire à la Guyane française.

Le 24, décret portant réorganisation de la gendarmerie.

Le 26, décret portant que le territoire français sera divisé en 21 divisions militaires.

Le 29, décret portant qu'aucun café, cabaret ou débit de boissons sur place ne pourra être ouvert, à l'avenir, sans l'autorisation préalable de l'autorité administrative.

Le 31, la Commission consultative se rend à l'Elysée pour remettre au président de la République l'extrait du procès-verbal constatant que le vote des 86 départements, de l'Algérie, de l'armée et de la marine, sur le plébiscite du 2 décembre, donne pour résultat:

Oui, 7,439,216
Non, 640,737

Le 1er janvier, décret ordonnant le rétablissement de l'aigle sur les drapeaux français et sur les croix de la Légion-d'Honneur.

Installation de Louis-Napoléon aux Tuileries.

Te Deum solennel célébré à Notre-Dame, en action de grâces du vote du 20 décembre.

Le 4, les monnaies porteront sur la face l'effigie du Président de la République, et en légende «Louis-Napoléon Bonaparte.»

Le 6, concession du chemin de fer de Paris à Lyon.

Le 10, expulsion du territoire français d'anciens représentants de l'Assemblée législative.

Le 12, dissolution de la garde nationale en France.

Le 14, proclamation de la Constitution en 8 titres, faite en vertu des pouvoirs délégués par le Peuple français à Louis-Napoléon Bonaparte, par le vote des 20 et 21 décembre 1851.

Le 16, rétablissement de la Cour des comptes telle qu'elle existait avant le décret du 2 mai 1848.

Le 22, création d'un ministre d'État et du ministère de la Police générale.

Le même jour, restitution des biens de la famille d'Orléans au domaine de l'État.

Le 10 février, concession à la ville de Paris des bâtiments de l'ancienne Sorbonne.

Le 11, costume des sénateurs et des conseillers d'État.

Le 12, concession du chemin de fer de Dijon à Besançon, avec embranchement sur Gray, et celui de Dôle à Salins.

Le 16, anniversaire du 15 août, fête nationale seule reconnue.

Le même jour, immigration aux Colonies.

Le 20, concession à la compagnie du chemin de fer du Nord, des lignes de Saint-Quentin à Charleroi, du Cateau à Somain, de La Fère à Reims par Laon.

Le 27, concession à la compagnie du chemin de fer de Strasbourg à la frontière bavaroise, près Wissembourg.

Le 28, décret relatif à l'organisation du crédit foncier.

Le 3 mars, réduction de 4 à 3 pour cent du taux de l'intérêt des escomptes de la banque de France.

Le 9, de la prestation du serment des fonctionnaires publics.

Le 10, décret sur l'instruction publique.

Le même jour, ouverture d'une rue, du boulevard Saint-Denis à l'embarcadère du chemin de fer de Strasbourg.

Le même jour, costume des députations au Corps Législatif.

Le 14, conversion de la rente de 5 pour cent en 4 1/2 pour cent.

Le 17, décret organique de la Légion-d'Honneur.

Le 18, décret relatif à l'achèvement du Louvre, qui réunit le palais du Louvre et des Tuileries.

Le 19, décret exemptant de la réduction de la rente, les rentiers de 50 ans jusqu'à 600 francs de rente, dont les titres seront transférés à la caisse de retraite pour la vieillesse.

Le 22, des aumôniers des dernières prières.

Le 24, l'administration du Mont-de-Piété de Paris est placée sous l'autorité du préfet de la Seine et du ministre de l'Intérieur.

Le même jour, dans un délai de 3 mois, les divers bureaux de placement ne pourront exister sans permission spéciale, délivrée par l'autorité municipale.

Le 25, décret qui soumet l'imprimerie en taille douce au brevet et au serment.

Le même jour, réunion à la ville de Lyon des trois communes de la Guillotière, la Croix-Rousse et Vaise.

Le même jour, concession à la compagnie du chemin de fer de Paris à Strasbourg, de la ligne de Blesmes et Saint-Dizier à Gray, et de Thionville à la frontière.

Le 27, achèvement du réseau des chemins de fer du Centre et du Sud-Ouest de la France et de la fusion des 4 compagnies des chemins de fer de Paris à Orléans, du Centre, d'Orléans à Bordeaux et de Tours à Nantes.

Le même jour, destination du château de Rambouillet

comme maison d'éducation des filles des militaires décorés de la médaille militaire.

Le 28, le Code civil reprendra son ancien nom de Code Napoléon.

Le même jour, établissement du Conseil central des Eglises réformées par analogie au Consistoire central du culte israélite.

Le 29, construction d'un édifice aux Champs-Élysées pour les expositions nationales, les cérémonies publiques et les fêtes civiles et militaires, d'après le plan du Palais de cristal de Londres.

Avril 1er, sénatus-consulte qui alloue une somme de 12 millions de francs au Prince Président de la République, à dater du 1er janvier 1852.

Décret du 28 avril, pour la conversion de 4,403,436 fr. de rentes 3 0/0, en échange de 4,475,655 fr. 90 c. de rentes 4 1/2 annulées.

Fête militaire des Aigles, bénédiction et distribution des drapeaux à l'armée française, à la revue du Champ-de-Mars, au 10 mai 1852.

Loi votée le 27 juin 1852, par le Corps-Législatif, des concessions du chemin de fer de Paris à Cherbourg, de Bordeaux à Cette; fusion des compagnies d'Avignon à Marseille, de la rive droite du Rhône avec la ligne principale de Lyon à Avignon.

Message du Président au Corps-Législatif le 28 juin 1852.

Loi du 7 juillet 1852, pour l'élection au 31 juillet des conseils généraux et des arrondissements; ceux des conseils municipaux du 24 juillet au 26 septembre 1852.

Sénatus-consulte du 5 juillet 1852, qui institue la haute Cour de justice.

Voyage triomphal du Prince à Strasbourg et dans la France, qui partout ne forme qu'un vœu pour le bonheur général : la conservation des précieux jours de Louis-Napoléon à demander à la Providence.

QUATRIÈME PARTIE.

Gouvernement de la République Française.

PRÉSIDENCE.

LOUIS-NAPOLÉON BONAPARTE, G. ✻, né à Paris, le 20 avril 1808, proclamé président de la République le 1er Janvier 1852.
Palais de l'Élysée, Faubourg-Saint-Honoré, 55.

MAISON DU PRÉSIDENT DE LA RÉPUBLIQUE.

Aides-de-Camp.

MM. Roguet, C. ✻, général de division.
Vaudrey, C. ✻, gouverneur du Palais des Tuileries, et général de brigade.

Officiers d'ordonnance.

MM. Bacciocchi ✻, colonel d'état-major de la garde nationale.
Ney (Edgar), O. ✻, colonel de cavalerie.
Yvelin de Beville, O. ✻, colonel du génie.
Exelmans, capitaine de frégate.
Le général de Goyon ✻.
Lepic ✻, chef d'escadron d'état-major.
De Toulongeon, chef d'escadron d'état-major.
De Méneval ✻, capitaine d'artillerie.

Service de Santé.

MM. Conneau ✻, médecin particulier du Président.
De Laroque, médecin.
Jobert de Lamballe, O. ✻, chirrugien.
Larrey ✻, chirrugien.
Tenain, chargé du service actif.

Cabinet particulier.

M. Mocquart, chef du cabinet.

Bibliothèque.

M. Lefèvre-Deumier, bibliothécaire.

Intendance.

M. Bure, intendant général.

Commandant militaire du Palais.

M. Girard de Charbonnière, O. ✻, chef-d'escadron de gendarmerie.

Régisseur.

M. Ballet, O. ✻, ancien capitaine d'artillerie.

Ministères.

Ministre d'État, M. Achille Fould, au Palais des Tuileries.
— de l'Intérieur, M. de Persigny, rue de Grenelle-St-Germain.
— de la Guerre, M. de St-Arnaud, rue St-Dominique-St Germain.
— des Travaux publics, M. Magne, rue Saint-Dominique-St-G.
— de la Police générale, M. de Maupas, rue de Varennes.
— de l'Instruction publique, M. Fortoul, rue de Grenelle-St-G.
— de la Marine, M. Ducos, Place-Royale.
— de la Justice, M. Abbatucci, place Vendôme.
— des Affaires étrangères, M. Drouyn de Lhuys, boulevard des Capucines.
— des Finances, M. Bineau, rue de Rivoli.

Liste de MM. les Sénateurs.

MM.

Le Prince Jérome NAPOLÉON-BONAPARTE, Maréchal de France, Gouverneur des Invalides, Président du Sénat, au Palais du Sénat.
Mesnard (le président), *Premier Vice-Président*, au Palais du Sénat.
Baraguey d'Hilliers (le général), *Vice-Président*, rue de Grenelle-Saint-Germain, 123.
Troplong (le président), *Vice-Président*, r. Neuve-des-Mathurins, 10.
D'Hautpoul (le général comte), *Grand-Référendaire*, au Palais.
De Lacrosse (le baron), *Secrétaire*, au Palais du Sénat.
De Bonald (le Cardinal), rue Jacob, 22.
Du Pont (le Cardinal), rue et hôtel Ventadour.
Mathieu (le Cardinal), rue du Cloître-Notre-Dame.
Gousset (le Cardinal), rue de Grenelle-Saint-Germain, hôtel du Bon-La Fontaine.
Donnet (le Cardinal), rue de l'Université, hôtel des Ministres.
Drouyn de Lhuys, boulevard des Capucines.
Casabianca, ex-ministre d'État.
Reille (le Maréchal comte), rue Saint-Dominique, 127.
Harispe (le Maréchal).
Vaillant (le Maréchal), rue de Varennes, 36.
Turgot, rue Grange-Batelière, 15.

Roussin (l'Amiral baron), rue Basse-du-Rempart, 52.
De Mackau (l'Amiral baron), rue Duphot, 14.
Achard (le général baron), rue de l'Université, 100.
Archevêque de Paris (Monseigneur l'), rue de Grenelle-St-Germain.
D'Argout (le comte), à la Banque de France.
D'Audiffret (le marquis), rue Saint-Honoré, 387.
De Bar (le général), rue de Luxembourg, 46.
De Barbançois (le marquis), rue Rumfort, 8.
De Beaumont de la Somme (le comte), rue de Suresnes, 9.
De Beauvau (le prince), 12, rue des Champs-Elysées.
De Belbeuf (le marquis), rue de Lille, 63.
Bineau, au Ministère des finances.
Boulay de la Meurthe (le comte), rue de Vaugirard, 58.
De Breteuil (le comte), rue de Londres, 28.
De Cambacérès, rue de l'Université, 21.
De Castellane (le général comte), rue d'Aguesseau, 13.
Casy le (vice-amiral), rue Castellane, 4.
De Caumont La Force (le comte), rue Richepanse, 9.
Clary (le comte François), rue d'Aumale, 24.
De Croix (le marquis), rue de Grenelle-Saint-Germain, 29.
De Crouseilhes (le baron), rue de Lille, 77.
Curial (le comte), rue de l'Université, 89.
Dumas, rue de Vaugirard, 58.
Dupin (le baron), rue du Bac, 24.
Elie de Beaumont, rue de Varennes, 56.
Fould (Achille), rue Bergère, 22.
Fouquier d'Hérouel, rue Las-Cases, 1.
De Fourment (le baron), rue de l'Echiquier, 21.
Gautier, à la Banque de France.
De Girardin (le comte Ernest), rue Blanche, 35.
De Goulhot de Saint-Germain, rue de la Madeleine, 16.
De La Grange (le marquis), rue de Grenelle-Saint-Germain, 113.
De Heeckeren (le baron), rue Caumartin, 17.
Hugon (le vice-amiral baron), rue Saint-Honoré, 368.
Husson (le général), rue de Clichy 28.
De Ladoucette, rue Saint-Lazare, 58.
De La Hitte (le général vicomte), rue de la Ferme-des-Mathurins, 41.
De Lariboissière (le comte), rue de Bondy, 62.
De Lavœstine (le général marquis), rue Blanche, 36.
Lebeuf (Louis), place Vendôme, 20.
Le Marois (le comte), rue Blanche, 33.
Lemercier (le comte), rue de l'Université, 18.
Leroy de Saint-Arnaud (le général), au Ministère de la guerre.
Le Verrier, rue Saint-Thomas-d'Enfer, 7.
De Lezay-Marnézia (le comte), rue de la Paix, 6.
Magnan (le général), aux Tuileries.
Manuel (de la Nièvre), rue Richelieu, 59.
Marchant (du Nord), rue Saint-Georges, 2 *bis*.
Mimerel, rue Neuve-des Mathurins, 86.
De Mortemart (le duc), rue d'Iéna, 23.
De La Moskowa (le prince), rue Montaigne, 13.

Murat (le prince Lucien), avenue de Saint-Cloud, 65, à Saint-Cloud.
Ordener (le général comte), rue de la Révolte, 5, à Sablonville.
D'Ornano (le général comte), rue Neuve-des-Capucines, 16.
De Padoue (le général duc), rue Coq-Héron, 12.
De Parseval-Deschênes (le vice-amiral), rue Saint-Lazare.
Pelet (le général baron), rue Saint-Dominique, 96.
Petit (le général baron), à l'hôtel des Invalides.
Piat (le général), rue de la Madeleine, 8.
De Plaisance (le duc), boulevard Malesherbes, 3.
Poinsot, rue Neuve-des-Mathurins, 17.
Portalis (le comte), rue d'Anjou-Saint-Honoré, 65.
De Portes (le marquis), rue de Grenelle-Saint-Germain, 118.
De Préval (le général comte), rue Castellane, 12.
Regnaud de Saint-Jean d'Angely (le général comte), rue Blanche, 38.
De Saint-Simon (le général duc), rue de Monsieur, 3.
Sapey, rue Saint-Dominique, 78.
Schramm (le général comte de), rue Louis-le-Grand, 33.
De Ségur d'Aguesseau (le comte), rue de Varennes, 46.
Siméon (le comte), rue de Provence, 54.
Thayer (Amédée), rue Saint-Dominique, 19.
Thibaudeau (le comte), rue du Havre, 5.
De Vicence (le duc), rue Moncey, 14, pavillon Richelieu.
Vieillard, rue du Sentier, 34.
De Wagram (le prince), rue de Larochefoucauld, 5.

Liste de Messieurs les Députés

AU CORPS LÉGISLATIF.

MM.

Abbatucci [Séverin] (Corse), au ministère de la justice.
Le duc d'Albuféra (Eure), place Vendôme, 17.
Allart (Somme), rue du Port-Mahon, 9.
Alengry (Aude), rue du Faubourg-Saint-Honoré, 82.
Ancel (Seine-Inférieure), rue du Cirque, 13.
Le marquis d'Andelarre (Haute-Saône), rue de Lille, 115.
André (Charente), rue des Bons-Enfants, 20.
Le marquis d'Argent (Eure-et-Loir), rue de Rivoli, 22.
Le comte d'Arjuzon (Eure), rue Greffulhe, 8.
Arnaud (Isère), rue Dauphine, 7.
Audren de Kerdrel (Ille-et-Vilaine), rue des Beaux-Arts, 13.
Aymé (Vosges), rue de Lille, 59.
Belay de la Bertrandière (Loire), boulevard des Italiens, 30 bis.
Le comte de Barbantane (Saône-et-Loire), quai Voltaire, 7.
Bavoux [Evariste] (Seine-et-Marne), rue des Pyramides, 3.
Le prince de Beauvau [Marc] (Sarthe), rue des Champs-Élysées, 12.
De Beauverger (Seine-et-Marne), rue Chauchat, 18.
Becquet (Bas-Rhin), rue Saint-Lazare, 13.
De Belleyme [Adolphe] (Dordogne), rue Neuve-des-Mathurins, 56.
Belliard (Gers), rue Neuve-des-Mathurins, 70.

Belmontet (Tarn-et-Garonne), rue Pigale, 2.
Bertrand (Yonne), rue des Saints-Pères, 15.
Bidault (Cher), rue Rumfort, 9.
Bigrel (Côtes-du-Nord), rue de Bourgogne, 4.
Billault (Ariége), au palais de la Présidence.
Bodin (Ain), cité Bergère, 6.
Bois de Mouzilly (Finistère), rue de Seine, 54.
Le comte de Boissy-d'Anglas (Ardèche), rue Rumfort, 3.
Bouchetal-Laroche (Loire), rue des Frondeurs, 6.
Bouhier de l'Écluse (Vendée), rue Taranne, 12.
Bourlon (Vienne), rue Pigale, 18.
Le comte Bourcier de Villers (Vosges), rue de Suresnes, 1.
Briot de Monremy (Meuse), rue de Lille, 115.
Brohier (Manche), rue Neuve-Saint-Roch, 13.
Le général Brunet-Denon (Saône-et-Loire), rue Royale-St-Honoré, 7.
Le comte de Bryas [Eugène] (Indre), rue Saint-Dominique, 2[illegible].
Bucher de Chauvigné (Maine-et-Loire), rue Jacob, 22.
Le baron Buquet (Meurthe), rue d'Aumale, 15.
Le baron de Bussierre [Alfred] (Bas-Rhin), place Vendôme, 12.
Le comte de Caffarelli (Ille-et-Vilaine), rue de Varennes, 58.
Calvet-Rogniat (Aveyron), rue Castiglione, 8.
Le marquis de Calvière (Gard), place Belle-Chasse, 13.
De Cambacérès (Aisne), rue Saint-Dominique, 129.
Le baron de Carayon-Latour (Tarn), rue Royale-St-Honoré, 11.
Le baron Caruel de Saint-Martin (S.-et-Oise), r. de l'Université, 23.
Le marquis de Caulaincourt (Calvados), rue Saint-Lazare, 67.
Le comte de Chabrillan (Saône-et-Loire), place Vendôme, 19.
Le comte de Champagny (Morbihan), rue des Champs-Élysées, 12.
Le comte de Chanterac (Bouches-du-Rhône), rue de Rivoli, 24.
Charlier (Jura), rue des Trois-Frères, 15.
Le comte de Chasseloup-Laubat [Prosper] (Charente-Inférieure), rue de la Bienfaisance, 11.
Chauchard (Haute-Marne), rue de l'Ouest, 42.
De Chazelles [Léon] (Puy-de-Dôme), rue Saint-Dominique, 82.
Chevreau (Ardèche), rue de Belle-Chasse, 66.
Choque (Nord), rue Joubert, 10.
De Civrac (Maine-et-Loire), rue Las-Cases, 6.
Le vicomte Clary (Loir-et-Cher), rue de Courcelles, 12.
De Clebsattel (Nord), place de la Madeleine, 8.
Collot [Edme] (Meuse), rue Champagny, 5.
Conneau (Somme), au Palais de l'Élysée.
Conseil (Finistère), rue de Beaune, 5.
Corta (Landes), quai de l'Ecole, 26.
Coulaux (Bas-Rhin), rue de la Paix, 20.
Crosnier (Loir-et-Cher), rue Neuve-Saint-Augustin, 75.
Curnier [Léonce] (Gard), rue de Grenelle-St-Germain, 127.
Dalloz [Édouard] (Jura), rue Belle-Chasse, 31.
Darblay jeune (S.-et-Oise), rue des Vieilles-Étuves-St-Honoré, 16.
Dauzat-Dembarrère (Hautes-Pyrénées), rue Monsigny, 2.
David (Gironde), Petite rue du Bac, 10.
David [Ferdinand] (Deux-Sèvres), rue de l'Université, 31.

Debrotonne (Aisne), rue Saint-Honoré, 418.
Delamarre (Creuse), rue Notre-Dame-de-Grâce, 2.
Delamarre (Somme), rue des Jeuneurs, 27.
Delapalme (Seine-et-Oise), rue Neuve-Saint-Augustin, 5.
Delavau (Indre), rue Lepelletier, 43.
Deltheil (Lot), rue de Lille, 5.
Demesmay (Doubs), rue des Saussaies, 12.
Descat (Nord), passage des Petites-Écuries, 15.
Desjobert (Seine-Inférieure), rue Saint-Guillaume, 18.
Desmaroux de Gaulmin (Allier), rue de Lille, 37.
Desmars (Loire-Inférieure), rue de Grenelle-Saint-Germain, hôtel du Bon-Lafontaine.
Devinck (Seine), rue Saint-Honoré, 283.
Didier (Ariége), rue de Hanovre, 21.
Drouot (Meurthe), rue Jacob, 39.
Duboys (Maine-et-Loire), rue de Verneuil, 9.
Duclos (Ille-et-Vilaine), rue de Marivaux, 9.
Dugas [Henri] (Rhône), rue Basse-du-Rempart, 44.
Le colonel du Marais (Loire), rue Louis-le-Grand, 2.
Dumiral (Puy-de-Dôme), rue de Beaune, 5.
Duplan (Haute-Garonne), rue de l'Université, hôtel Saint-Pierre.
Dupont [Paul] (Dordogne), rue de Grenelle-Saint-Honoré, 45.
Dupont [Charles] (Vienne), rue de Bourgogne, 15.
Durand [Justin] (Pyrénées-Orientales), rue Neuve-des-Mathurin, 43.
Le comte de Duranti (Cher), rue des Trois-Frères, 9.
Dusollier (Dordogne), rue Saint-Roch, 39.
Le général Duvivier (Mayenne), rue Casimir-Périer, 27.
Le baron Eschasseriaux (Charente-Inférieure), r. de Luxembourg, 22.
Etcheverry (Basses-Pyrénées), rue des Saussaies, 14.
Faugier (Isère), rue Richelieu, 43.
Faure (Hautes-Alpes), rue Saint-Honoré, 354.
Favart (Corrèze), rue Neuve-de-l'Université, 18.
Favre [Ferdinand] (Loire-Inférieure), rue des Bons-Enfants, 20.
Le comte de Flavigny (Indre-et-Loire), rue des Saussaies, 9.
Fleury [Anselme] (Loire-Inférieure), cité d'Antin, 16.
Flocard de Mépeu (Isère), rue Richepanse, 11.
Fortoul (Basses-Alpes), au Ministère de l'instruction publique.
Fouché-Lepelletier (Seine), à Javel, par Grenelle.
Gareau (Seine-et-Marne), rue Basse-du-Rempart, 26.
Garnier (Loire-Inférieure), boulevard Montmartre, 14.
Le baron de Geiger (Moselle), boulevard des Capucines, 19.
Le général Gellibert des Séguins (Charente), rue de Lille, 59.
Geoffroy de Villeneuve (Aisne), rue Gaillon, 13.
Girou de Buzareingues (Aveyron), place Royale, 28.
Gisclard (Tarn), rue de Lille, 57.
Godart (Marne), rue Tronchet, 1.
Gorrec [Le] (Côtes-du-Nord), rue Saint-Lazare, 102.
Le général baron Gorsse (Tarn), rue de l'Université, 32, hôtel des Ministres.
Gonin (Indre-et-Loire), rue Tronchet, 5.
Le comte de Gouy (Seine-et-Oise), rue Neuve-des-Mathurins, 96.

Le marquis de Grammont (Haute-Saône), rue de Lille, 121.
Granier de Cassagnac (Gers), rue Saint-Florentin, 4.
De la Guéronnière (Cantal), rue de la Chaussée-d'Antin, 58 bis.
Guyard-Delalain (Seine), rue Castiglione, 10.
Le baron Hallez Claparède (Bas-Rhin), rue Saint-Florentin, 7.
De la Haiechois (Morbihan), rue Basse-du-Rempart, 32.
Hébert (Aisne), au palais du Corps Législatif.
Le colonel Hennocque (Moselle), rue des Postes, 38.
D'Hérambault (Pas-de-Calais), rue d'Alger, 5.
D'Herlincourt (Pas-de-Calais), rue Las-Cases, 16.
Le comte d'Houdetot (Calvados), rue de Londres, 10.
Le baron Huc (Hérault), rue de la Paix, 17.
Janvier Delamotte (Tarn-et-Garonne), rue Saint-Lazare, 24.
Jollivet de Castelot (Morbihan), rue Laffitte, 32.
Le comte de Jonage (Ain), rue du Dauphin, 7.
Le baron de Jouvenel [Léon] (Corrèze), rue Pigale, 11.
Jubinal [Achille] (Hautes-Pyrénées), rue de Louvois, 10.
Le comte de Kergorlay (Manche), rue de Varennes, 58.
Le vicomte de Kervéguen (Var), rue de Clichy, 28.
Kœnigswarter (Seine), rue Saint-Georges, 38.
Lacave (Loiret), rue de Luxembourg, 25.
De Ladoucette (Ardennes), rue Saint-Lazare, 58.
Laffitte [Charles] (Lot-et-Garonne), rue Jacob, 21.
Lafon de Caix (Lot), rue d'Alger, 12.
De Lagrange [Frédéric] (Gers), boulevard de la Madeleine, 17.
Le baron de Lagrange (Nord), rue du faubourg Saint-Honoré, 107.
Langlais (Sarthe), rue de Seine, 43.
Lanquetin (Seine), quai de Béthune, 34.
Larabit (Yonne), rue des Saints-Pères, 7.
Le vicomte de Latour (C.-du-Nord), rue de Grenelle-St-Germain, 16.
Le marq. de Latour-Maubourg (H.-Loire), r. de la Ville-l'Evêque, 14.
Le Comte (Yonne), rue de la Chaussée-d'Antin, 47.
Le Conte (Côtes-du-Nord), rue de l'Université, 36.
Lédier (Seine-Inférieure), rue de la Madeleine, 35.
Lefébure (Haut-Rhin), rue Tronchet, 24.
Lefebvre-Hermand (Pas-de-Calais), rue Casimir-Périer, 11.
Legrand (Nord), rue d'Antin, hôtel d'Antin.
Lélut (Haute-Saône), à la Salpétrière.
Lemaire (Nord), rue Jean-Bart, 3.
Lemaire (Oise), rue Saint-Georges, 22.
Le vicomte Lemercier (Charente), rue de Lille, 54.
Le baron Lemercier [Anatole] (Charente-Inférieure), quai Voltaire, 25.
De Lénardière (Deux-Sèvres), rue de Ménars, 4.
Lepeletier-d'Aunay (Nièvre), rue de l'Université, 5.
Lequien (Pas-de-Calais), rue Vanneau, 30.
Leroux [Alfred] (Vendée), rue Taitbout, 31.
Leroy-Beaulieu (Calvados), rue Croix-des-Petits-Champs, h. du Levant.
Le baron Lesperut (Haute-Marne), rue du Cirque, 13.
Levavasseur (Seine-Inférieure), rue de la Chaussée-d'Antin, 68.
Louis Basile (Côte-d'Or), rue Richepanse, 11.

7

De Lormet (Ain), rue Laffitte, 20.
Louvet (Maine-et-Loire), rue du Faubourg-Saint-Honoré, 124.
Marrast [François] (Landes), rue du Dauphin, 5.
Massabiau (Haute-Garonne), rue de l'Université, 22.
De Maupas (Aube), rue Richepanse, 11.
Mercier (Mayenne), rue de la Ville-l'Evêque, 6.
Le baron Mercier (Orne), rue Castiglione, 9.
Le comte de Mérode (Nord), rue de Grenelle-Saint-Germain, 91.
Le général Meslin (Manche), rue Bellechasse, 50.
De Mésonan (Finistère), rue Saint-Nicolas-d'Antin, 29.
Migeon [Jules] (Haut-Rhin), place Vendôme, 14.
Millet (Vaucluse), rue Caumartin, 13.
Monier de la Sizeranne (Drôme), rue Neuve-des-Capucines, 15.
Le comte de Montalembert (Doubs), rue du Bac, 40.
Montané (Gironde), rue Grange-Batelière, 13.
Le baron de Montreuil (Eure), rue Taranne, 10.
Morin (Drôme), rue de la Madeleine, 29.
Le comte de Morny (Puy-de-Dôme), avenue des Champs-Elysées, 15.
Le marquis de Mortemart (Rhône), rue Matignon, 12.
Le vicomte de Mortemart (Seine-Inférieure), rue d'Iéna, 23.
Le duc de Mouchy (Oise), rue d'Astorg, 10.
Le colonel Normand (Eure-et-Loir), rue Caumartin, 61.
Noualhier (Haute-Vienne), rue de Bourgogne, 43.
Noubel (Lot-et-Garonne), rue de l'Université, 83.
De Nougarède (Aveyron), rue de l'Université, 24.
O'Quin (Basses-Pyrénées), rue Monsigny, 3.
Ouvrard [Julien] (Côte-d'Or), rue de la Paix, 1.
Le général Parchappe (Marne), rue Basse-du-Rempart, 66.
De Parieu (Cantal), rue de l'Université, 25.
Le vicomte de Partouneaux (Var), rue Tronchet, 19.
De Perpessac (Haute-Garonne), rue des Champs-Elysées, 13.
Perret (Seine), place Royale, 20.
Le général baron Pétiet (Nièvre), rue Caumartin, 54.
Le comte de Pierre (Puy-de-Dôme), place de la Madeleine, 21.
Le baron de Plancy (Oise), rue Saint-Lazare, 7.
Planté (Basses-Pyrénées), rue Monsigny, 9.
Pongérard (Ille-et-Vilaine), rue de la Victoire, 46, deuxième cour.
Portalis [Jules] (Var), rue Lavoisier, 22.
Quesné (Seine-Inférieure), rue Saint-Dominique, 82.
Le vicomte de Rambourgt (Aube), rue de Lille, 19.
Randoing (Somme), rue Mogador, 5.
Le baron de Ravinel (Vosges), rue de Grenelle-Saint-Germain, 113.
Le baron de Reinach (Haut-Rhin), rue Richelieu, 23 bis.
Remacle (Bouches-du-Rhône), rue Louis-le-Grand, 9.
Réveil (Rhône), rue de Fleurus, 1.
Riché (Ardennes), rue des Trois-Frères, 7.
Le baron de Richemont [Paul] (Indre-et-Loire), rue Blanche, 49.
Le vicomte de Richemont (Lot-et-Garonne), rue de l'Université, 36.
Rigaud (Bouches-du-Rhône), rue Castiglionne, 4.
De Rochemure (Ardèche), rue de l'Université, 14.
Le général Rogé (Sarthe), rue du faubour Saint-Honoré, 116.

De Romeuf (Haute-Loire), rue Mogador, 10.
Roques (Aude), rue de Grenelle-Saint-Germain, 56.
Roulleaux-Dugage (Hérault), rue Neuve-des-Capucines, 19.
Le marquis de Sainte-Croix (Orne), rue Richelieu, 17.
Le comte de Sainte-Hermine (Vendée), rue de Bourgogne, 53.
De Saint-Germain (Manche), rue Cisalpine, 9.
Sallandrouze de Lamornaix (Creuse), boulevard Poissonnière, 23.
Sapey (Drôme), rue Saint-Dominique, 74.
Schneider (Saône-et-Loire), rue de Provence, 72.
Schyler (Gironde), quai Voltaire, 19.
Segretain (Mayenne), rue d'Alger, 4.
Seydoux (Nord), rue de Clichy, 66.
Soullié (Marne), rue Richelieu, 63.
Taillefer (Dordogne), rue Neuve-Saint-Roch, 39.
Le marquis de Talhouet (Sarthe), rue d'Anjou-Saint-Honoré, 23.
Le duc de Tarente (Loiret), rue de Ponthieu, 4.
De Tauriac (Haute-Garonne), rue des Champs-Élysées, 13.
Le colonel Thiérion (Gironde), rue Lord-Byron, 1.
Thieullen (Côtes-du-Nord), boulevard de la Madeleine, 17.
Le baron Tillette de Clermont (Somme), rue du Port-Mahon, 9.
Tixier (Haute-Vienne), rue de Grenelle-Saint-Germain, 34.
Le marquis de Torcy (Orne), rue Tronchet, 2.
Le baron de Travot (Gironde), à la Banque de France.
Le comte de Tromelin (Finistère), rue de Luxembourg, 27.
Le duc d'Uzès (Gard), rue de la Chaise, 7.
Le gén. b. Vast-Vimeux (Charente-Inf.) au palais du Corps-Législatif.
Vautier, Abel, (Calvados), rue d'Enfer, 29.
Le baron de Veauce (Allier), place du Palais-Bourbon, 3.
Le marquis de Verclos (Vaucluse), petite rue Verte, 3.
Vernier (Côte-d'Or), rue Monthabor, 3.
Véron (Seine), rue de Rivoli, 46.
Viard (Meurthe), rue des Champs-Élysées, 13.
De Voize (Isère), rue du Cirque, 9.
Watebled (Pas-de-Calais), rue d'Alger, 3.
De Wendel (Moselle), rue de Clichy, 19.
Jeanmaire et Brancas Duponceau, messagers d'État.
Pougny, chef des huissiers.

Liste de MM. les Membres du Conseil-d'État.

CONSEILLERS.

MM.
Baroche, *Président*, rue de Varennes, 53.
Rouher, *Président*, Lég., (1) rue du Mont-Thabor, 6.
Maillard, *Président*, Cont., rue Notre-Dame-des-Victoires, 14.
Le vice-amiral Leblanc, *Président*, G., rue d'Alger, 3.
De Parieu, *Président*, Fin., rue de l'Université, 27.

(1) Lég. signifie *Législation*. — Cont. *Contentieux*. — Trav. *Travaux publics*. Fin. *Finances*. — Int. *Intérieur*. — G. *Guerre*.

Bonjean, *Président*, Int., rue Belle-Chasse, 15.
Herman, Int., rue Neuve-des-Mathurins, 42.
Barbaroux, G., place de la Madeleine, 16.
Carlier, Int., rue d'Antin, 19.
Charlemagne, Fin., rue Saint-Honoré, 353.
Villemain, G., rue du Bac, 77.
Stourm, Fin., rue Neuve-des-Petits-Champs, 89.
Suin, Lég., rue de Sèze, 10.
De Thorigny, Int., rue de l'Ouest, 38.
Le général Allard, G., rue du Havre, 10.
Lacaze, Lég., rue de la Ferme-des-Mathurins, 54.
Vaïsse, Trav., rue Neuve-des-Mathurins, 20.
J. Boulay (de la Meurthe), Int., rue de l'Université, 24.
Boinvilliers, Fin., rue de Choiseul, 3.
Armand Lefèvre, Lég., rue de la Ferme-des-Mathurins, 56.
Boudet, Cont., rue de la Chaussée-d'Antin, 49.
Leroy de Saint-Arnaud, Fin., quai des Tournelles, 27.
Giraud (Ch.), Int., rue de la Ferme-des-Mathurins, 50.
Cuvier, Int., rue Godot, 8.
Marchand, Cont., rue Lafayette, 16.
Flandin, G., rue de la Michodière, 8.
Godelle, Fin., rue de Luxembourg, 20.
Boulatignier, Cont., rue Saint-Lazare, 36.
Frémy, Trav., rue Fléchier, 2.
Ferdinand Barrot, Trav., rue Castellane, 4.
Michel Chevalier, Trav., rue de l'Université, 73.
Dariste, G., rue Matignon, 18 *bis*.
Cornudet, Cont., rue de Vaugirard, 63.
Quentin Bauchart, Cont., rue de Bellechasse, 12.
Vuillefroy, Trav., rue de Bruxelles, 24.
Conti, Lég., rue Miroménil, 11.
Vuitry, Fin., rue de la Pépinière, 19.
Denjoy, Trav., rue de Lille, 70.
Tourangin, Lég., rue Rumfort, 13.

CONSEILLERS D'ÉTAT HORS SECTIONS.

MM.

Gréterin, rue Neuve-Saint-Roch, 25.
Petitet, rue de l'Ouest, 44.
De Sibert de Cornillon, au Ministère de la justice.
Thayer, directeur général des postes.
Le général Niel, rue Saint-Florentin, 4.
Le général Daumas, rue de Lille, 76.
Mestro, rue d'Alger, 11.
Le baron Brénier, rue du Faubourg-Saint-Honoré, 136.
Darricau, rue de Lille, 93.
De Royer, rue de Vaugirard, 56.
Heurtier, rue de l'Université, 25.
Delangle, rue Saint-Florentin, 7.

MAITRES DES REQUÊTES. — PREMIÈRE CLASSE.

MM.

Gasc, Lég., rue de Vienne, 13.
Dabeaux, Trav., rue Saint-Denis, 277.
Thierry, Trav., rue Casimir-Périer, 2.
Lestiboudois, G., rue Chaussée-d'Antin, 62.
Chadenet, Lég., rue Neuve-des-Mathurins, 95.
Bréhier, G., rue des Bons-Enfants, 20.
Montaud, Int., rue Boursault, 11 *bis*.
Gomel, Cont., rue des Moulins, 12.
Chasseriau, G., rue Fléchier, 2.
Loyer, Trav., rue de Rivoli, 30 *bis*.
De Bussierre, Int., rue Ville-l'Évêque, 7.
Reverchon, Cont., rue Neuve-Saint-Augustin, 29.
Gaslonde, Fin., rue Saint-Lazare, 119.
Du Martroy, Cont., quai Voltaire, 25.
Maigne, Cont., rue des Saints-Pères, 14.
Le marquis de Padoue, Int., rue de la Victoire, 50.
Chassaigne-Goyon, Lég., rue de Provence, 58.
De Forcade, Fin., rue Laffitte, 42.
Pascalis, Cont., rue Saint-Romain, 4.

DEUXIÈME CLASSE.

Pagès, Int., rue Louis-le-Grand, 18.
Daverne, Cont., rue de l'Abbaye, 14.
François, Lég., rue Saint-Sauveur, 16.
Le vicomte Redon de Beaupréau, Cont., Clichy, 5.
Goupil, Trav., Laffitte, 47.
Louyer-Villermay, Cont., boulevard des Italiens, 26.
Richaud, Cont., rue du Sentier, 26.
Jahan, Trav., rue de Trévise, 40.
Le comte Eugène Dubois, Trav., rue Duphot, 18.
Du Berthier, Fin., rue Monthabor, 7.
Bataille, G., rue Laffitte, 5.
Portalis, Lég., rue de l'Université, 80.
Le vicomte d'Argout, Fin., rue Louis-le-Grand, 28.
Le baron Ch. de Chassiron, G., rue d'Angoulême-S.-Honoré, 23.
Le baron de Bernon, Cont., rue de Verneuil, 60 bis.
Gavini, Fin., place de la Madeleine, 7.
Aubernon, Int., rue de Verneuil, 55.
De Maupas, G., rue de Varennes, 78.
Le comte de Ségur, Int., rue du Bac, 44.
De Lavenay, Lég., rue de Ponthieu, 12.
Crignon de Montigny, rue Lavoisier, 22.
Boilay, *Secrétaire Général*.

CONSTITUTION

Faite en vertu des pouvoirs délégués par le Peuple Français à Louis-Napoléon Bonaparte, par le vote des 20 et 21 décembre 1851.

LE PRÉSIDENT DE LA RÉPUBLIQUE,

Considérant que le peuple français a été appelé à se prononcer sur la résolution suivante:

« Le peuple veut le maintien de l'autorité de Louis-Napoléon Bona-» parte et lui donne les pouvoirs nécessaires pour faire une consti-» tution d'après les bases établies dans sa proclamation du 2 décembre; »

Considérant que les bases proposées à l'acceptation du peuple étaient:

« 1° Un chef responsable nommé pour dix ans;

« 2° Des ministres dépendants du pouvoir exécutif seul;

« 3° Un conseil d'État formé des hommes les plus distingués, pré-» parant les lois et en soutenant la discussion devant le corps légis-» latif;

« 4° Un corps législatif discutant et votant les lois, nommé par le » suffrage universel, sans scrutin de liste qui fausse l'élection;

» 5° Une seconde assemblée formée de toutes les illustrations du » pays, pouvoir pondérateur, gardien du pacte fondamental et des » libertés publiques; »

Considérant que le peuple a répondu affirmativement par sept millions cinq cent mille suffrages,

PROMULGUE LA CONSTITUTION DONT LA TENEUR SUIT:

TITRE PREMIER.

Art. 1er. La Constitution reconnaît, confirme et garantit les grands principes proclamés en 1789, et qui sont la base du droit public des Français.

TITRE II. — FORMES DU GOUVERNEMENT DE LA RÉPUBLIQUE.

Art. 2. Le Gouvernement de la République française est confié pour dix ans au prince Louis-Napoléon Bonaparte, Président actuel de la République.

Art. 3. Le Président de la République gouverne au moyen des ministres, du conseil d'État, du sénat et du corps législatif.

Art. 4. La puissance législative s'exerce collectivement par le Président de la République, le sénat et le corps législatif.

TITRE III. — DU PRÉSIDENT DE LA RÉPUBLIQUE.

Art. 5. Le Président de la République est responsable devant le peuple français, auquel il a toujours le droit de faire appel.

Art. 6. Le Président de la République est le chef de l'État; il commande les forces de terre et de mer, déclare la guerre, fait les traités de paix, d'alliance et de commerce, nomme à tous les emplois, fait les règlements et décrets nécessaires pour l'exécution des lois

Art. 7. La justice se rend en son nom.

Art. 8. Il a seul l'initiative des lois.

Art. 9. Il a le droit de faire grâce.

Art. 10. Il sanctionne et promulgue les lois et les sénatus-consultes.

Art. 11. Il présente, tous les ans, au sénat et au corps législatif, par un message, l'état des affaires de la République.

Art. 12. Il a le droit de déclarer l'état de siége dans un ou plusieurs départements, sauf à en référer au sénat dans le plus bref délai.

Les conséquences de l'état de siége sont réglées par la loi.

Art. 13. Les ministres ne dépendent que du chef de l'État; ils ne sont responsables que chacun en ce qui le concerne des actes du Gouvernement; il n'y a point de solidarité entre eux; ils ne peuvent être mis en accusation que par le sénat.

Art. 14. Les ministres, les membres du sénat, du corps législatif et du conseil d'État, les officiers de terre et de mer, les magistrats et les fonctionnaires publics prêtent le serment ainsi conçu :

Je jure obéissance à la constitution et fidélité au Président.

Art. 15. Un sénatus-consulte fixe la somme allouée annuellement au Président de la République pour toute la durée de ses fonctions.

Art. 16. Si le Président de la République meurt avant l'expiration de son mandat, le sénat convoque la nation pour procéder à une nouvelle élection.

Art. 17. Le chef de l'État a le droit, par un acte secret et déposé aux archives du sénat, de désigner au peuple le nom du citoyen qu'il recommande, dans l'intérêt de la France, à la confiance du peuple et à ses suffrages.

Art. 18. Jusqu'à l'élection du nouveau Président de la République, le président du sénat gouverne avec le concours des ministres en fonctions, qui se forment en conseil de gouvernement, et délibèrent à la majorité des voix.

TITRE IV. — DU SÉNAT.

Art. 19. — Le nombre des sénateurs ne pourra excéder cent cinquante : il est fixé pour la première année à quatre-vingts.

Art. 20. Le Sénat se compose :

1º Des cardinaux, des maréchaux, des amiraux;

2º Des citoyens que le Président de la République juge convenable d'élever à la dignité de sénateur.

Art. 21. Les sénateurs sont inamovibles et à vie.

Art. 22. Les fonctions de sénateur sont gratuites; néanmoins le Président de la République pourra accorder à des sénateurs, en raison de services rendus et de leur position de fortune, une dotation personnelle, qui ne pourra excéder trente mille francs par an.

Art. 23. Le président et les vice-présidents du sénat sont nommés par le président de la République et choisis parmi les sénateurs.

Ils sont nommés pour un an.

Le traitement du président du sénat est fixé par un décret.

Art. 24. Le Président de la République convoque et proroge le sénat. Il fixe la durée de ses sessions par un décret.

Les séances du sénat ne sont pas publiques.

Art. 25. Le sénat est le gardien du pacte fondamental et des libertés publiques. Aucune loi ne peut être promulguée avant de lui avoir été soumise.

Art. 26. Le sénat s'oppose à la promulgation :

1° Des lois qui seraient contraires ou qui porteraient atteinte à la constitution, à la religion, à la morale, à la liberté des cultes, à la liberté individuelle, à l'égalité des citoyens devant la loi, à l'inviolabilité de la propriété et au principe de l'inamovibilité de la magistrature;

2° De celles qui pourraient compromettre la défense du territoire.

Art. 27. Le sénat règle par un sénatus-consulte :

1° La constitution des colonies et de l'Algérie;

2° Tout ce qui n'a pas été prévu par la constitution et qui est nécessaire à sa marche;

3° Le sens des articles de la constitution qui donnent lieu à différentes interprétations.

Art. 28. Ces sénatus-consultes seront soumis à la sanction du Président de la République et promulgués par lui.

Art. 29. Le sénat maintient ou annule tous les actes qui lui sont déférés comme inconstitutionnels par le Gouvernement ou dénoncés pour la même cause par les pétitions des citoyens.

Art. 30. Le sénat peut, dans un rapport adressé au Président de la République, poser les bases des projets de loi d'un grand intérêt national.

Art. 31. Il peut également proposer des modifications à la constitution. Si la proposition est adoptée par le pouvoir exécutif, il y est statué par un sénatus-consulte.

Art. 32. Néanmoins sera soumise au suffrage universel toute modification aux bases fondamentales de la constitution, telles qu'elles ont été posées dans la proclamation du 2 décembre et adoptées par le peuple français.

Art. 33. En cas de dissolution du corps législatif et jusqu'à une nouvelle convocation, le sénat, sur la proposition du Président de la République, pourvoit, par des mesures d'urgence, à tout ce qui est nécessaire à la marche du Gouvernement.

TITRE V. — DU CORPS LÉGISLATIF.

Art. 34. L'élection a pour base la population.

Art. 35. Il y aura un député au corps législatif à raison de 35,000 électeurs.

Art. 36. Les députés sont élus par le suffrage universel sans scrutin de liste.

Art. 37. Ils ne reçoivent aucun traitement.

Art. 38. Ils sont nommés pour six ans.

Art. 39. Le corps législatif discute et vote les projets de loi et l'impôt.

Art. 40. Tout amendement adopté par la commission chargée d'examiner un projet de loi sera renvoyé, sans discussion, au conseil d'État par le président du corps législatif.

Si l'amendement n'est pas adopté par le conseil d'État, il ne pourra pas être soumis à la délibération du corps législatif.

Art. 41. Les sessions ordinaires du corps législatif durent trois mois. Ses séances sont publiques; mais la demande de cinq membres suffit pour qu'il se forme en comité secret.

Art. 42. Le compte-rendu des séances du corps législatif par les journaux, ou tout autre moyen de publication ne consistera que dans la reproduction du procès-verbal dressé à l'issue de chaque séance par les soins du Président du corps législatif.

Art. 43. Le président et les vice-présidents du corps législatif sont nommés par le président de la République pour un an; ils sont choisis parmi les députés. Le traitement du président du corps législatif est fixé par un décret.

Art. 44. Les ministres ne peuvent être membres du corps législatif.

Art. 45. Le droit de pétition s'exerce auprès du sénat. Aucune pétition ne peut être adressée au corps législatif.

Art. 46. Le Président de la République convoque, ajourne, proroge et dissout le corps législatif. En cas de dissolution, le Président de la République doit en convoquer un nouveau dans le délai de six mois.

TITRE VI. — DU CONSEIL D'ÉTAT.

Art. 47. Le nombre des conseillers d'État en service ordinaire est de quarante à cinquante.

Art. 48. Les conseillers d'État sont nommés par le Président de la République et révocables par lui.

Art. 49. Le conseil d'État est présidé par le Président de la République, et en son absence par la personne qu'il désigne comme vice-président du conseil d'État.

Art. 50. Le conseil d'État est chargé, sous la direction du Président de la République, de rédiger les projets de loi et les réglements d'administration publique et de résoudre les difficultés qui s'élèvent en matière d'administration.

Art. 51. Il soutient, au nom du Gouvernement, la discussion des projets de loi devant le sénat et le corps législatif.

Les conseillers d'État chargés de porter la parole au nom du Gouvernement sont désignés par le Président de la République.

Art. 52. Le traitement de chaque conseiller d'État est de vingt-cinq mille francs.

Art. 53. Les ministres ont rang, séance et voix délibérative au conseil d'État.

TITRE VII. — DE LA HAUTE COUR DE JUSTICE.

Art. 54. Une haute cour de justice juge sans appel ni recours en cassation, toutes personnes qui auront été renvoyées devant elle comme prévenues de crimes, attentats ou complots contre le Président de la République et contre la sûreté intérieure ou extérieure de l'État.

Elle ne peut être saisie qu'en vertu d'un décret du Président de la République.

Art. 55. Un sénatus-consulte déterminera l'organisation de cette haute cour.

TITRE VIII. — DISPOSITIONS GÉNÉRALES ET TRANSITOIRES.

Art. 56. Les dispositions des codes, lois et réglements existants, qui ne sont pas contraires à la présente constitution, restent en vigueur jusqu'à ce qu'il y soit légalement dérogé.

Art. 57. Une loi déterminera l'organisation municipale. Les maires seront nommés par le pouvoir exécutif, et pourront être pris hors du conseil municipal.

Art. 58. La présente constitution sera en vigueur à dater du jour où les grands corps de l'État qu'elle organise seront constitués.

Les décrets rendus par le Président de la République, à partir du 2 décembre jusqu'à cette époque, auront force de loi.

Fait au Palais des Tuileries, le 14 janvier 1852.

LOUIS-NAPOLÉON.

Vu et scellé du grand sceau :

Le garde des sceaux, ministre de la justice,

E. ROUHER.

(Extrait du *Moniteur* du 15 janvier 1852.)

VOYAGE TRIOMPHAL

De Son Altesse Impériale dans le Midi de la France

du 14 *septembre au* 16 *octobre* 1852.

Le récit de cette courte et glorieuse épopée appartient maintenant à la postérité; c'est une des plus belles pages de l'histoire de la France, un des plus précieux souvenirs de la vie de Louis-Napoléon. Chacun voudra conserver la mémoire de ces jours de bonheur ; chacun ajoutera ses souvenirs aux nôtres, et, le cœur ému, se rappellera l'air affable et bon, et les moindres paroles de celui qui, non seulement est l'élu de la France, mais encore celui de Dieu, protecteur de notre chère patrie; qui a rendu aux uns la tranquillité, rétabli chez les autres la vie, l'activité, l'industrie, et assuré à tous le bonheur et la prospérité.

Les Villes visitées par Son Altesse Impériale dans son voyage, sont : Bourges, Nevers, Moulins, La Palisse, Roanne, Saint-Étienne, Lyon, Grenoble, Valence, Avignon, Arles, Marseille, Toulon, Aix, Nîmes, Tarascon, Beaucaire, Montpellier, Narbonne, Carcassonne, Toulouse, Agen, Bordeaux, Angoulême, Rochefort, La Rochelle, Poitiers, Tours, Blois et Paris ; d'un total de parcours de 1200 kilomètres ou 300 lieues, accompli en 30 jours.

La rentrée magnifique et impériale du Prince dans la Capitale a été en tout vraiment digne de lui, et digne d'être la dernière épisode de cette longue suite d'ovations offertes par la France reconnaissante.

C'est à la fin de son voyage que le Prince dans sa magnanime clémence a rendu visite à l'ex-Emir Abd-El-Kader, au château d'Amboise, en lui annonçant sa mise en liberté en France et son internement dans la célèbre ville de Brousse, située dans la Turquie d'Asie.

Sénatus-Consulte et Décret

portant Convocation du Peuple français, relativement au rétablissement de la Dignité Impériale dans la personne de Louis-Napoléon Bonaparte.

Extrait du procès-verbal des séances du Sénat des 4, 6 et 7 novembre 1852.

Séance du 4. — Le Sénat, conformément au décret du 19 octobre, s'est réuni le 4 novembre, à midi, sous la présidence de S. A. le prince Jérôme-Napoléon Bonaparte.

Séance du 6. — Le Sénat s'est réuni sous la présidence de M. le vice-président Mesnard, pour entendre la lecture du rapport de la commission chargée d'examiner la proposition de modification à la Constitution.

M. Troplong a donné lecture du rapport qui a été fréquemment interrompu par des marques d'approbation très-prononcées.

DECRET portant Convocation du peuple français, relativement au rétablissement de la Dignité impériale dans la personne de Louis-Napoléon Bonaparte, sous le nom de Napoléon III.

AU NOM DU PEUPLE FRANÇAIS,

Louis-Napoléon, président de la République française,
Sur le rapport du ministre secrétaire d'Etat de l'intérieur.
Vu le sénatus-consulte du 7 novembre 1852.
Décrète :

Le peuple français est convoqué dans ses comices les 21 et 22 novembre présent mois, pour accepter ou rejeter le projet de plébiscite suivant :

Le peuple français veut le rétablissement de la dignité impériale dans la personne de Louis-Napoléon Bonaparte, avec hérédité dans sa descendance directe, légitime ou adoptive, et lui donne le droit de régler l'ordre de succession au trône dans la famille Bonaparte, ainsi qu'il est dit dans le sénatus-consulte du 7 novembre 1852.

Dans la nouvelle organisation du pouvoir, la présidence du Sénat appartient à l'Empereur lui-même. Cette circonstance a déterminé le prince Jérôme à résigner entre les mains du Prince-Président les fonctions de président du Sénat.

DISCOURS DU PRINCE.

« Messieurs les Sénateurs,

» Je remercie le Sénat de l'empressement avec lequel il a répondu

» au vœu du pays, en délibérant sur le rétablissement de l'empire et » en rédigeant le Sénatus-consulte qui doit être soumis à l'acceptation » du peuple.

» Lorsqu'il y a quarante-huit ans, dans ce même palais, dans cette » même salle et dans des circonstances analogues, le Sénat vint offrir » la couronne au chef de ma famille, l'Empereur répondit par ces » paroles mémorables : *Mon esprit ne serait plus avec ma postérité,* » *du jour où elle cesserait de mériter l'amour et la confiance de la* » *grande nation.*

» Eh bien ! aujourd'hui, ce qui touche le plus mon cœur, c'est de » penser que l'esprit de l'Empereur est avec moi, que sa pensée me » guide, que son ombre me protège, puisque, par une démarche so- » lennelle, vous venez, au nom du peuple français, me prouver que » j'ai mérité la confiance du pays. Je n'ai pas besoin de vous dire que » ma préoccupation constante sera de travailler avec vous à la gran- » deur et à la prospérité de la France. »

Les cris de *Vive l'Empereur !* éclatent avec une nouvelle force.

Le Prince s'est ensuite approché de MM. les Sénateurs, et s'est entretenu avec chacun d'eux.

Après cette séance, MM. les Sénateurs sont retournés, avec le même cortége, jusqu'au palais du Sénat.

Le Sénatus-Consulte ci-dessus du Sénat, donne pouvoir à l'Empereur Napoléon III de régler dans sa famille l'ordre de succession au trône.

Décrets omis faits au Palais des Tuileries.

En date du 14 décembre 1851, qui accorde des Secours annuels et viagers aux anciens Militaires de la République et de l'Empire.

En date du 31 décembre 1851 pour le rétablissement de l'Aigle française sur les Drapeaux de l'armée française et la Croix de la Légion-d'Honneur.

En date du 26 mars 1852 pour la Constitution des Sociétés de Secours mutuels.

En date du 22 janvier 1852 pour l'Institution de la Médaille militaire donnant droit à 100 fr. de rente viagère, en faveur des Soldats et Sous-Officiers de l'armée de terre et de mer, avec un château national destiné à servir de maison d'éducation aux filles ou orphelines indigentes des familles dont les chefs auraient obtenu cette médaille.

En date du 16 mars 1852 qui rétablit la forme de la Décoration de la Légion-d'Honneur, comme sous l'Empire ; une étoile à cinq rayons doubles, surmontée d'une couronne, le centre de l'étoile, entouré de branches de chêne et de laurier, présente d'un côté l'effigie de Napoléon avec cette exergue :

Napoléon, empereur des français, et de l'autre côte l'Aigle avec la devise : *Honneur et Patrie*.

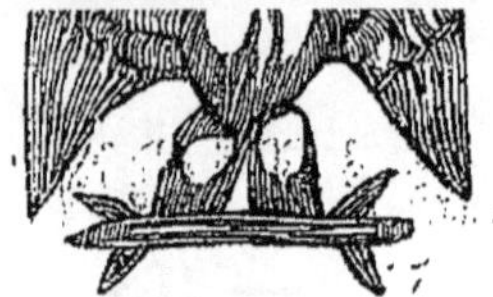

Vie et Histoire impartiale

DE

NAPOLÉON III

EMPEREUR DES FRANÇAIS.

Publiée d'après les documents officiels et authentiques; suivie du précis de la Révolution du 2 décembre 1851; des Sociétés secrètes et de la Jacquerie des Départements; des principaux Décrets publiés jusqu'au jour; de la Liste des membres du Gouvernement constitué le 29 Mars 1852; Maison de l'Empereur; Ministres, Sénateurs, Députés du Corps Législatif, Conseillers d'État; la Constitution, le Voyage du Midi, la proclamation de l'Empire par le Sénat et un *fac-simile* de l'écriture du PRINCE; format in-8°, orné d'une couverture imprimée et d'un beau portrait à cheval du Prince, par Horace Vernet. Prix 2 fr. (rendu *franco* à domicile), contre l'envoi d'avance d'un bon de poste, à ajouter à la lettre. *franco.*

AVIS IMPORTANT.

Les 6,000 premiers Souscripteurs recevront avec l'ouvrage (EN DOUBLE PRIME GRATUITE) 1° la nouvelle Carte complète, coloriée avec soin, des CHEMINS DE FER DE LA FRANCE, décrétés par le Gouvernement depuis 1852 : 2° Le PETIT ALMANACH DE POCHE pour 1853, des PENSÉES et MAXIMES de LOUIS NAPOLÉON, extrait de ses œuvres. La liste étant bientôt complète, on est prié d'envoyer son adhésion signée en ordre, dans le plus bref délai, pour avoir droit aux belles primes ci-dessus.

En plaçant 6 exemplaires (12 fr.), on recevra le 7e GRATIS.

N. B. Le dixième des Ventes des Souscriptions sera officiellement versé à la Caisse Centrale du Ministère de la Guerre, au profit des Militaires et Gendarmes, victimes des Événements de Décembre 1851, pour la cause de l'Ordre public.

Impr. Saintin, Dentan, Pinard, 9, cour des Miracles, (Place du Caire).

PROCLAMATION DE L'EMPIRE

DÉDIÉE AUX VILLES ET AUX CAMPAGNES.

PREMIER TIRAGE A 20,000 EXEMPLAIRES.

Monsieur,

Je viens de publier la *Vie* et *l'Histoire* de NAPOLÉON III, Empereur des Français, très curieuse, anecdotique, nouvelle, et complète sous tous les rapports (dont *ci-joint d'autre part le prospectus explicatif.*)

J'ose donc compter, Monsieur, sur votre bienveillante souscription, en vous priant d'adresser de suite, *franco*, au directeur en chef (vos *noms, qualités, grades et décorations*), vu que cette liste sera imprimée officiellement et présentée *à SaMajesté Impériale.*

On recommande instamment aux bons citoyens de propager cette Publication populaire, d'un prix très modique, dans l'intérêt général.

Dans cette attente flatteuse,

Agréez, Monsieur, mes saluts distingués,

LE DIRECTEUR EN CHEF, H. LANGLOIS,

Au dépôt Géographique, 32, *rue Mazarine*,

EN FACE L'INSTITUT, A PARIS.

N. B. On souscrit chez M

EN VENTE.

DÉDIÉ AUX ÉLECTEURS AMIS DE L'EMPIRE

ÉTRENNES 1853.

TIRAGE

A 100,000 EXEMPLAIRES.

TIRAGE

A 100,000 EXEMPLAIRES.

PETIT ALMANACH IMPÉRIAL DE POCHE

Des Pensées, Maximes et Opinions de son Altesse Impériale le Prince Louis-Napoléon III, Empereur, nommé à l'Empire héréditaire, d'après les vœux du Peuple français.

Prix : 25 centimes *franco* par la Poste.

Prix net 15 fr., seulement, le cent. à MM. les Corresdondants 7 fr. 50 le demi-cent expédiés FRANCO **et 10 fr. le cent, 5 fr. le demi-cent expédiés** NON FRANCO (le port à leur compte).

AVIS IMPORTANT.

On est instamment prié de vendre cet Almanach (*partout à domicile*) et d'adresser les demandes de suite au comptant, contre un bon de poste *franco*, à l'avance, de suite, pour ne pas éprouver de retard dans les envois, vu le succès extraordinaire de cet *Almanach National*, pour la nouvelle année 1853.

N. B. Ecrire *franco* au Directeur en Chef, H. LANGLOIS, du Dépôt Géographique, **32, rue Mazarine,** en face l'Institut, à Paris.

Imp. Saintin. Dentan, Pinard, 9, cour des Miracles.

www.ingramcontent.com/pod-product-compliance
Lightning Source LLC
Chambersburg PA
CBHW070529100426
42743CB00010B/2011

* 9 7 8 2 0 1 3 5 2 6 2 7 2 *